MICHAEL HEATLEY (HG.)

NEIL YOUNG

MICHAEL HEATLEY (HG.)

NEIL YOUNG

IN EIGENEN WORTEN

Aus dem
Amerikanischen
von Torsten Waack

PALMYRA

Die Originalausgabe erschien 1997 unter dem Titel
Neil Young – In His Own Words
bei Omnibus Press, London.

Die Deutsche Bibliothek – CIP-Einheitsaufnahme

Young, Neil:
Neil Young in eigenen Worten / Michael Heatley (Hg.). Aus dem Amerikan. von Torsten Waack. - Heidelberg : Palmyra, 1997
Einheitssacht.: Neil Young in his own words <dt.>
ISBN 3-930378-14-0

Lektorat: Kathrin Razum
Umschlaggestaltung: Georg Stein und Uwe Schmitt
Umschlagfoto: Aaron Rapoport
Satz: Matthias Ries
Druck und Bindung: Ebner Ulm
Printed in Germany
ISBN 3-930378-14-0

Inhalt

Einleitung

In der Ära der zweidimensionalen Rockstars ist Neil Young ein Unikum. Er trat in Woodstock auf, wurde jedoch nicht mit den Schlagworten *Love & Peace* in Verbindung gebracht, mit denen eine weniger tolerante Generation ihre Zeitgenossen als »Überbleibsel aus den Sechzigern« abstempelte. Zu Zeiten von Crosby, Stills, Nash & Young repräsentierte er ein Viertel einer Supergruppe, bewahrte sich aber dennoch seine Glaubwürdigkeit – und dies in solchem Maße, daß er noch zwei Jahrzehnte später die Gallionsfigur des Grunge, Kurt Cobain von der Gruppe Nirvana, maßgeblich beeinflußte. Er spielte Popmusik, Rock, Country, Synthie-Rock und bläserdominierten Rhythm & Blues – beinahe jedes erdenkliche Genre. Jedem dieser Genres drückte er seinen persönlichen Stempel auf und machte so aus einer disparaten Auswahl musikalischer Stilrichtungen ein zusammenhängendes Ganzes. Kurzum, Neil Young stellt eine Ausnahmeerscheinung dar.

Seine eigene Erklärung dieses musikalischen Gießkannenprinzips hat etwas Liebenswertes, wenngleich sie nicht sehr erhellend ist: »Für mich sind alle meine Platten Teile einer sich fortsetzenden Autobiografie. Man kann nicht immer wieder dasselbe Buch schreiben.« Auf wenig Verständnis traf dieser Ansatz bei David Geffen, dessen Plattenfirma Young verklagte, weil dieser »untypisches« Material abgeliefert habe. Man muß wohl kaum betonen, daß es nur einen Prozeßsieger geben konnte...

Überraschen mag, daß Young, der häufig mit der Musikszene der US-Westküste in Verbindung gebracht wird, in Kanada geboren und nach wie vor kanadischer Staatsbürger ist, was ihn allerdings nie davon abgehalten hat, seine politische Meinung kundzutun. Seine Parteinahme für Ronald Reagan wurde allenfalls noch von Paul Wellers Geständnis »Ich wähle die Konservativen« auf dem Höhepunkt des britischen New Wave übertroffen. Wie Weller, so galt auch Young stets als unsicherer Verbündeter – und schien seine Freude daran zu haben.

Auf Drogen angesprochen, gibt Young – im Gegensatz zu Präsident Clinton – durchaus zu, auch inhaliert zu haben. Gemäßigt wurden seine Ansichten zu diesem Thema jedoch durch den Tod nahestehender Musikerkollegen, namentlich des Gitarristen Danny Whitten von Crazy Horse, sowie durch die langjährige Crack-Sucht des CSN&Y-Mitglieds David Crosby. Zudem hat die familiäre Verantwortung Youngs, der Vater zweier behinderter Kinder ist, seinen Horizont im Vergleich zu denen erweitert, deren Interessen und Perspektiven einzig um die Musik kreisen. Man braucht Young nur ein Stichwort zu nennen, und er legt los. Dies macht ihn zu einem dankbaren und geeigneten Thema für das vorliegende Buch, das drei Jahrzehnte seines Witzes, seiner Weisheit und seiner Wunderlichkeit dokumentiert.

Neil Youngs Musik ist selten weniger als überzeugend, ob er nun alleine auftritt, mit Crosby, Stills, Nash & Young, mit Crazy Horse – die ihn seit mehr als einem Vierteljahrhundert begleiten – oder mit kurzlebigeren Formationen wie den

Bluenotes. Alles in allem hat er seine Sache nicht schlecht gemacht, wenn man bedenkt, daß sein erstes Album (mit den Squires aus Winnipeg) im Jahre 1963 instrumental aufgenommen werden sollte, weil der Produzent der Meinung war, Young könne nicht singen. Doch schon damals behielt der Musiker das letzte Wort.

Kanada: ein Lebensgefühl

Wer in Kanada lebt, will in die Staaten. Jedenfalls war das früher so. Auch ich konnte es nicht erwarten, von dort wegzukommen, weil ich wußte, daß man nur in den Staaten meine Musik hören würde. Ohne Arbeitserlaubnis ging allerdings überhaupt nichts, und ich hatte keine. Schließlich bin ich illegal eingereist. Erst 1970 erhielt ich eine Green Card. Während der Zeit bei Buffalo Springfield und zum Teil auch bei Crosby, Stills, Nash & Young habe ich ohne Erlaubnis gearbeitet. Ich hatte keinerlei Papiere. Ich bekam keine Arbeitserlaubnis, weil ich einem amerikanischen Musiker die Arbeit weggenommen hätte. Man mußte schon sehr bekannt, unersetzbar und sehr eigenständig sein. Die Arbeitserlaubnis bekam man erst, wenn man etwas Entsprechendes darstellte – was man aber nicht schaffte, wenn man nicht dort arbeitete. Das Ganze ist ziemlich lächerlich. Man kommt nur rein, wenn man schon drin ist. Man darf aber nicht dableiben, wenn man nicht ohnehin alle Kriterien erfüllt. Das ist wie bei der Hexenverfolgung: »Man werfe sie ins Wasser. Ertrinkt sie, war sie keine Hexe. Ertrinkt sie nicht, ist sie eine – dann bringe man sie um.« Dasselbe Prinzip. Aber irgendwann haben wir uns arrangiert.

1975

Für mich war ganz klar, daß in Winnipeg mehr lief als in Toronto. Aber was in Toronto passierte, hat mir mehr gebracht. Toronto war so etwas wie ein Sprungbrett. Als ich nach L.A. ging, kam ich eben aus Toronto, nicht etwa aus Winnipeg – obwohl dort zweifellos alles angefangen hat. Vieles, was für mich wichtig war, ist dort passiert.

1987

Meine Schulzeit habe ich in erster Linie damit verbracht, Verstärker und Bühnenentwürfe zu zeichnen. Schule interessierte mich nicht. Ständig habe ich Prüfungen vermasselt.

1987

Ich habe die Staatsbürgerschaft deswegen nicht gewechselt, weil ich fürchte, so etwas könnte als ablehnende Haltung Kanada gegenüber aufgefaßt werden. Da ich in Kanada geboren wurde, bin ich nun einmal Kanadier.

1992

Kanada stand einfach nicht hinter meinen Ideen. Die Musik, die mir gefiel, kam aus Kalifornien. Mir war klar, wenn ich dort hinzöge, hätte ich eine Chance.

1994

Viele meiner Songs basieren auf Erinnerungen an meine Vergangenheit. Damit meine ich nichts Konkretes. Aber hin und wieder tauchen Bilder von Kanada auf.

1994

In Omemee, Ontario, wurde ich eingeschult; dort verbrachte ich meine »prägenden Jahre«. Geboren wurde ich allerdings in Toronto. »Geboren in Toronto...«

Gott, das klingt wie die erste Zeile eines Springsteen-Titels.

1995

Unmittelbar nachdem ich die Mynah Birds verlassen hatte, versuchte ich mich solo als Folksinger. Übrigens hatte ich das auch schon vor den Mynah Birds probiert. Nach meiner Ankunft in Toronto arbeitete ich zunächst daran, meine eigene Band zusammenzuhalten, und versuchte es dann mit verschiedenen anderen. Es hat allerdings nie richtig geklappt. In Toronto ist es mir nie gelungen, etwas auf die Beine zu stellen. Nicht ein einziges Mal bin ich mit einer Band aufgetreten. Ich habe es einfach nicht geschafft, in die dortige Szene hineinzukommen. Also habe ich mich der akustischen Musik zugewandt und wurde recht introspektiv, zog mich musikalisch in mich zurück. Damit begann dann dieses Kapitel meiner Musik.

1995

Die beste Band in Toronto, der musikalisch bedeutendsten Stadt Kanadas, waren die Hawks. Ich war gerade aus einem Ort namens Thunder Bay angekommen – das liegt zwischen Winnipeg und Toronto. Dort war es für uns ziemlich gut gelaufen, aber in Toronto bekamen wir ums Verrecken keinen Auftritt. Ständig probten wir nur vor uns hin. Am Ende tingelte ich alleine mit meiner akustischen Gitarre umher, kreuzte in Cafés auf und spielte meine Songs. Was für eine Erfahrung! Heute denke ich, es war echter Überlebenskampf: Mitten in der Nacht draußen im Schnee, ohne zu wissen, wohin…

1994

Familie

Mein Vater konnte ein bißchen Ukulele spielen. Es kam alles wie von selbst. Ich hatte es im Gefühl. Ich konnte an nichts anderes denken. Plötzlich mußte ich eine Gitarre haben, und dann war alles klar. Ich tingelte durch die Clubs in und um Winnipeg, trat auf Schulbällen auf. Ich spielte, sooft ich konnte, und immer mit Bands. Mit neunzehn trat ich dann zum ersten Mal alleine auf.

1975

Mein Vater war eindeutig der musikalischere von beiden. Meine Eltern hörten die alten Bigbands, Lena Horne, Della Reese, Tommy Dorsey, das Glen-Miller-Orchester, Cab Calloway...

1995

Mein Vater wohnte damals nicht mehr bei uns und erlebte nicht mit, wie ich mich entwickelte. Hätte er es getan, wäre ihm aufgefallen, wie sehr ich mich für Musik interessierte. Andererseits hätte er mich wie meine Mutter dazu angehalten, mit der Schule weiterzumachen. Und ich bin davon überzeugt, daß er es gewiß mit mehr Nachdruck getan hätte. Aber wenn eine Familie auseinanderbricht, ändert sich eben die Perspektive. Väter reagieren immer negativ auf das, was die Mütter tun, vor allem, wenn die dem Kind gegenüber zu »nachgiebig« sind. Ohne wirklich zu verstehen, worum es geht, erklären sie es einfach für falsch. Solche Reaktionen enstehen aus der Frustration darüber, daß man nicht mehr mitreden kann. Allerdings wäre es nicht ganz fair zu behaupten, mein Vater hätte sich weniger für meine Musik interessiert als meine Mutter. Meine Mutter gab mir allerdings mehr Rückhalt.

1995

Warum meine beiden Söhne mit einer zerebralen Lähmung zur Welt kamen, läßt sich nicht erklären. Amber, mein drittes Kind, ist wie eine kleine Blume und gedeiht prächtig. Es hat lange gedauert, bis Pegi sich zu einer erneuten Schwangerschaft durchringen konnte, denn wir mußten mit der Möglichkeit rechnen, daß wieder etwas schiefgehen könnte. Wir haben sehr viele Ärzte konsultiert, und alle sagten uns, daß es nicht an etwas Bestimmtem lag.

1988

Ich konnte es nicht glauben. Es war nicht dieselbe Mutter. Es konnte unmöglich zum zweiten Mal geschehen sein.

Ich weiß noch, wie ich zum Himmel blickte, nach einem Zeichen suchte, mich fragte, was zum Teufel eigentlich los war. Warum traf die Kinder so etwas? Woran verdammt noch mal lag es? Was hatte ich getan? Irgendetwas mußte mit mir nicht stimmen.

Ich beschloß, mich um Pegi und die Kinder zu kümmern. Wir würden zusammenbleiben, nicht egoistisch sein, und ich würde es mir nicht zu Herzen gehen lassen. Ich nahm mich selbst so sehr zurück, daß ich es schaffte, das *Überleben* meisterte. Meine Seele allerdings war völlig verschüttet. Ich zog nicht einmal in Betracht, daß ich eine Seele brauchte, um meine Musik zu machen, daß ich, indem ich den Schmerz aussperrte, auch die Musik aussperrte.

1990

Ich hatte stets das Gefühl, Gott hat meinen Sohn so gemacht, wie er ist, um mir etwas zu zeigen. Deshalb versuche ich, soviel Positives für Menschen wie ihn und für Familien mit behinderten Kindern zu tun, wie ich nur kann. Ich habe sehr viel mehr Mitgefühl und Verständnis für diese Leute als früher, und ich glaube, ich bin dadurch selbst ein besserer Mensch geworden. Und ich glaube, da ich so viele Menschen beeinflussen kann, lag es nur nahe, daß ich mit so vielen Extremfällen des Lebens konfrontiert wurde. Immerhin hatte ich die Möglichkeit, sie zu reflektieren.

1985

Ben ist ein großartiger kleiner Mann, ein wundervolles kleines menschliches Wesen. Er hat ein wunderhübsches Gesichtchen und ein Riesenherz, und es macht viel Spaß, mit ihm zu spielen. Wir haben eine Spielzeugeisenbahn, die er per Knopfdruck steuern kann. Mit Hilfe eines Computers lernt er, sich zu verständigen, zu spielen und Aufgaben zu lösen. Er ist mehrfach behindert: Er leidet an einer schweren zerebralen Lähmung, ist Tetraplegiker und kann nicht sprechen. Das ist schon eine ziemliche Menge. Die zerebrale Lähmung ist ein Geburtsfehler, keine Krankheit. Er ist nun einmal so. Er ist so zur Welt gekommen. Vieles von dem, was wir für selbstverständlich halten, kann er nicht tun. Aber er hat eine Seele, und ich bin davon überzeugt, daß seine Behinderungen ihm eine Perspektive verleihen, die wir nicht kennen.

1988

Mein Sohn Zeke leidet an einer sehr leichten zerebralen Lähmung. Er ist ein wundervoller Junge und wird ein kräftiger junger Mann werden. Im September wird er sechzehn, und jetzt will er natürlich unbedingt seinen Führerschein. Er ist wirklich ein prima Kerl…

1988

Ich hatte schon oft das Gefühl, aus irgendeinem Grunde dazu ausersehen zu sein, extreme Dinge zu erleben. Es war schwer, sich damit abzufinden. Wir sind damit fertiggeworden und haben gelernt, etwas Positives daraus zu machen und uns nicht unterkriegen zu lassen. Es hat Pegi und mich wirklich zusammengeschweißt, daß wir trotz allem die Kraft hatten, noch ein Kind zu bekommen und daß sie so ein hübsches kleines Mädchen ist und daß alles geklappt hat. Wir haben einfach daran geglaubt. Haben es geschafft, daran zu glauben, daß es richtig wäre, es noch einmal zu versuchen.

1988

Der Schmerz war gewaltig, und ich zog mich ganz und gar zurück. Ich schottete mich gegen praktisch alles ab. Machte nach außen völlig zu. Man kann von allem nur ein bestimmtes Maß ertragen; was darüber hinausgeht, muß man verdrängen. Man kann nur schwer damit umgehen. Es belastete mich schwer. Eine Zeitlang ging ich damit um, so gut ich konnte. Aber dann mußte ich mich von allem zurückziehen. Ich schloß die Tür und war von allem isoliert. Denn das, was geschehen war, war zu persönlich. Ich konnte es mit niemandem teilen...

Niemand wußte, was ich tat. Niemand hat es verstanden. Meine Plattenfirma hatte die Nase voll von mir. Alle hatten die Nase voll von mir.

1990

Wenn ich lange nichts geschrieben habe, empfehle ich allen, die finanziell von mir abhängen, daß sie anfangen sollten, sich anderweitig umzusehen. Ich sage ihnen dann, daß ich nicht wüßte, ob ich noch für sie dasein würde. Es tritt zwar nicht ein, aber wenn ich musikalisch selbstgefällig werde oder nichts mitzuteilen habe, dann spiele ich nicht. Ich habe meine Hobbys und meine Familie, verbringe Zeit mit meinem Sohn, meiner Tochter und meiner Frau. Meine Frau Pegi ist zugleich meine beste Freundin und meine Geliebte. Gemeinsam haben wir das Glück genossen, Kinder großzuziehen und aufwachsen zu sehen.

Vor zehn oder fünfzehn Jahren war ich wesentlich älter als heute. Daran habe ich hart gearbeitet.

1995

Die ersten Bands

Die Squires

Zum ersten Mal habe ich in der Cafeteria der Kelvin-Highschool vor Publikum gesungen. Ich sang *Money, That's What I Want* von den Beatles. An *It Won't Be Long* habe ich mich, glaube ich, auch versucht.

1987

Wir lernten, wie es in der Branche zuging. Wir waren ziemlich unbedarft, hatten aber unseren Spaß und unternahmen viel zusammen.

1987

In irgendeiner Garage oder einem Keller hat uns jemand aufgenommen. Die Band bestand aus mir, Ken Koblun, Randy Peterson und Doug Campbell. Wir nahmen einen Titel namens *I'm A Man And I Can't Cry* auf. Das war die erste Aufnahme, auf der ich sang. Jahrelang habe ich eine Kopie des Tonbandes aufgehoben. Wo sie jetzt ist, weiß ich allerdings nicht. Der Sound ist ziemlich gut. Es war eine erstklassige Formation. Wenn wir öfter aufgetreten wären, wären wir immer besser geworden.

1987

Ich habe wahrscheinlich so gut wie jeden in Winnipeg gefragt, ob er Lust hätte, mit auf Tour zu kommen. Ich versuchte, eine Band auf die Beine zu stellen, und suchte nach Leuten, die es riskieren wollten. Vielleicht habe ich genau deswegen niemanden gefunden. Viele wollten, glaube ich, konnten aber nicht.

1987

Auftritte zu bekommen war ein permanenter, mühseliger Kampf. Irgendwann stellten wir fest, wenn wir etwas erreichen wollten, mußten wir weg. Die Wahl fiel auf Fort William, weil es auf halbem Wege zwischen Winnipeg und Toronto lag. Wir wurden in dieser Gegend richtig populär. Weil wir nicht aus Fort William stammten, waren wir interessanter. Wir waren den meisten Bands aus Fort William eine Nasenlänge voraus, weil es eine kleinere Stadt war und wir immerhin aus Winnipeg kamen.

1987

Wir orientierten uns in Richtung Folkrock. Viele der Songs, die wir in dieser Phase spielten, waren Arrangements anderer Titel. Wir spezialisierten uns darauf, traditionelle Folksongs mit einem Rock'n'Roll-Beat zu versehen und die Melodie zu variieren. Wir hatten eine ziemlich schräge Rock'n'Roll-Version von *Tom Dooley* auf Lager, allerdings in einer Moll-Tonart. Wir spielten *Oh! Susannah* nach dem Arrangement einer Gruppe namens The Thorns. Tim Rose gehörte zu den Thorns. Wir haben sie im Fourth Dimension spielen sehen. Außerdem hatten wir *Clementine* und *She'll Be Coming Round The Mountain When She Comes* im Repertoire. Die neuen Melodien habe alle ich geschrieben. Wir haben die Stücke komplett umarrangiert – zu Rock'n'Roll-Nummern. Es war äußerst interessant. Etwas ganz anderes.

1987

Der Löwenanteil unseres Repertoires stammte von den Shadows. Wir spielten *Apache*, *Wonderful Land*, *FBI* und *Shindig* sowie einen Titel namens *Spring Is Nearly Here*.

1994

Ich war immer davon überzeugt, ich würde jemanden finden, der genauso entschlossen wäre wie ich. Paßte jemand nicht dazu, wußte ich, daß ich ihn wegschicken mußte. Ich mußte oft Leute zur Sau machen und viele Freunde opfern, um dahin zu kommen, wo ich heute stehe – vor allem am Anfang. Ich habe mir aber aus dem, was ich tun mußte, so gut wie kein Gewissen gemacht. Es wäre überhaupt nicht in Frage gekommen, irgend etwas hinzunehmen, was mir im Weg gestanden hätte. Ich war wild entschlossen, es zu schaffen.

1994

In Fort William gingen wir ziemlich weit; ich wurde regelrecht zum Tier. Ich fing an, auf der Gitarre Grenzen zu überschreiten. Wir betraten Neuland. Hinterher fragte man uns: »Was zum Teufel war das?« Damals dämmerte mir, daß ich die Fähigkeit hatte, mich um den Verstand zu spielen.

1994

Buffalo Springfield

Eine einmalige Erfahrung. Das waren die wirklich guten alten Zeiten. Hervorragende Leute. Jeder in dieser Band war genial auf seinem Gebiet. Eine fantastische Gruppe. Es wird keine zweiten Buffalo Springfield geben. Niemals. Alle machen heute etwas völlig anderes. Ich weiß nicht, aber wenn plötzlich alle zur selben Zeit am selben Ort auftauchten, mit Verstärkern und allem Drum und Dran, fände ich das wunderbar. Allerdings hätte ich weiß Gott keine Lust, das alles auf die Beine zu stellen. Lust, noch einmal in dieser Formation zu spielen, hätte ich aber schon, einfach um zu sehen, ob der Funke noch da ist.

1975

Bruce Palmer und ich kurvten in meinem Leichenwagen durch L.A. Ich liebte diesen Wagen. Sechs Personen konnten sich vorne und hinten die Dröhnung geben, aber dank den Vorhängen sah niemand etwas. Die Heizung war erstklassig. Und das Trittbrett – das war der Hammer. Man öffnete die Seitentür, und das Trittbrett fuhr mitten auf den Bürgersteig aus. Kann man sich etwas Abgefahreneres vorstellen? Was für ein Einstieg! Bruce Palmer und ich sogen also Kalifornien in uns auf, das Gelobte Land. Wir fuhren hoch nach San Francisco. Stephen und Richie Furay, die sich gerade in der Stadt eine Band zusammensuchten, fuhren zufällig in dieselbe Richtung. Stephen Stills kannte mich schon und wußte, daß ich einen Leichenwagen fuhr. Als er das Nummernschild aus Ontario sah, wußte er, daß ich es war. Die beiden hielten uns an.

Ich freute mich, überhaupt jemanden zu treffen, den ich kannte. Es lag auf der Hand, gemeinsam eine Band zu gründen. Vier oder fünf Tage später nahmen wir fürs Schlagzeug Dewey Martin dazu – das war meine Idee gewesen. Stephen hatte sich mächtig für Billy Mundi ins Zeug gelegt. Er meinte: »Ja, ja, ja – Dewey ist gut, aber, mein Gott… er redet zu viel.« Ich sollte allerdings recht behalten: Dewey war gut.

1975

Meiner Meinung nach werden unsere angeblichen Reibereien total überbewertet. Stephen und ich spielen sehr gut zusammen. Die Leute verstehen einfach nicht, daß wir beide Leadgitarre spielen können, ohne uns deswegen zu streiten. Wir respektieren einander als Musiker und wecken den Perfektionisten im anderen. Wir sind beide sehr intensiv, doch das gehört zu unserer Beziehung. Wir genießen es beide. Es gehört zu dem, was wir machen. Insofern wirkt sich unsere Konfrontation zu unserem Vorteil aus. Stephen Stills und ich haben gemeinsam einige ganz außergewöhnliche Sachen gespielt, vor allem bei Buffalo Springfield. Damals waren wir noch jung und hatten jede Menge Energie.

1975

Gegen Ende wurde es mir zuviel. Meine Nerven spielten nicht mehr mit. Es ging nicht darum, daß ich Pläne für eine Solokarriere schmiedete, sondern einzig und allein um mein Nervenkostüm. Alles ging plötzlich viel zu schnell, soviel ist mir inzwischen klar. Ich drehte allmählich durch, stieg ein, aus und wieder ein. Ich bildete mir ein, niemandem Verantwortung oder Gehorsam zu schulden. Ich brauchte mehr Freiraum – das war das große Problem in meinem Kopf. Also verließ ich die Band, kam aber wieder zurück, weil sich das so gut machte. Es wurde zum Dauerproblem.

Ich hatte einfach nicht die Reife, damit umzugehen. Ich war noch sehr jung. Wir wurden von allen Seiten drangsaliert und haben uns wer weiß wie angestrengt, um hochzukommen, aber irgendwie hat es nie geklappt.

Die Fangemeinde, die wir anfangs hatten – die Betroffenen wissen schon, wer gemeint ist –, war etwas ganz Besonderes. Sie gab uns allen die Kraft, durchzuziehen, was wir uns vorgenommen hatten – und mit der gebotenen Intensität. Alles dank den wenigen Getreuen der ersten Stunde.

1975

Wir waren jung. Wir hatten uns da alle in einem Grad emotional hineingesteigert, der noch überhaupt nicht unserer persönlichen Reife entsprach. Wir wußten gar nicht, wie uns geschah.

1979

Ich weiß noch, wie wir hier [Troy im Bundesstaat New York] einmal mit Buffalo Springfield aufgetreten sind. Unser Geld bekamen wir nicht. Der Veranstalter zielte mit einer Knarre auf uns und meinte, wir sollten uns zum Teufel scheren. Soviel zur guten alten Zeit.

1985

In den letzten beiden Jahren gab es mehrere Wiedervereinigungen von Buffalo Springfield – bei Stills zuhause. Wir treffen uns alle paar Monate, um zu spielen. In der Originalbesetzung: Richie [Furay], Dewey [Martin], Bruce [Palmer], Stephen und ich. Drei- oder viermal haben wir das schon gemacht und werden es sicher wieder tun.

1988

Über eine Neuauflage von Buffalo Springfield

Kann ich mir nicht vorstellen. Welchen Sinn hätte das? Buffalo Springfield sind Geschichte. Wenn wir uns wieder zusammentäten, gäben wir ein Monument oder etwas Ähnliches ab, ein Denkmal, dem die Tauben auf den Kopf kacken. Das wäre doch nicht richtig.

1990

Wir gingen davon aus, daß wir ungefähr fünfzehn Jahre zusammenbleiben würden, denn wir wußten, wie gut wir waren.

1994

Es gab eine Menge Probleme mit Buffalo Springfield – und jede Menge Ablenkungen: Groupies, Drogen. Und die Außenstehenden. Sie waren immer da, gaben einem Marihuana, versuchten einem Hippieklamotten anzudrehen. Mir war nie klar, was die eigentlich von uns wollten. Und es waren verdammt viele! Ganz zu schweigen von den Frauen... All die Clubs; Orte, wo man hingehen konnte; Dinge, die man tun konnte. Ich weiß noch, daß ich plötzlich wie besessen war von der Frage: »Wie passe ich da eigentlich hinein? Will ich das überhaupt?«

1994

Ins Fillmore kam ich zum ersten Mal 1966 mit Buffalo Springfield. Wir waren auf dem Stones-Konzert in der Hollywood Bowl aufgetreten, anschließend in ein Flugzeug gestiegen, von Burbank nach San Francisco geflogen und haben noch am selben Abend im Fillmore gespielt. Wir waren, glaube ich, nicht besonders gut. Wir waren wahrscheinlich ein bißchen... wie L.A.

1995

Der eigentliche Grund dafür, daß ich die Gruppe verließ, lag darin, daß ich nicht in der *Johnny Carson Tonight Show* auftreten wollte. Meiner Meinung nach hätte es das, wofür Buffalo Springfield standen, abgewertet. Das Publikum dort hätte uns nicht verstanden. Für die wären wir bloß eine Kuriosität gewesen.

1995

Die LPs:

Buffalo Springfield (1967)

Burned

Das war das erste Mal, daß ich im Studio gesungen habe [Ende 1966 im Gold Star]. Die Jungs gaben mir Aufputschmittel, damit ich durchhielt. Vielleicht hört man das ja. Ich wohnte seinerzeit in einer Wohnung, die zwölfeinhalb Dollar die Woche kostete. Meinen Wohnungsnachbarn gefiel die Aufnahme auch. Die ganze Nacht hindurch haben wir sie uns angehört.

1977

Den harten Kern der Band bildeten wir drei Kanadier – Bruce Palmer, Dewey Martin und ich. Wenn wir spielten, kauerten wir drei uns sozusagen auf der Hinterbühne zusammen, während Stills und Furay stets im Vordergrund standen. Das lag daran, daß wir uns völlig in die Musik hineinsteigerten. Alles andere interessierte uns nicht. Im Studio allerdings war die Stimmung nicht mehr die gleiche, ohne daß wir herausbekommen hätten, warum. Für mich als jungen Musiker war das die größte Enttäuschung. Es hat mich richtig fertiggemacht. Buffalo Springfield hätte man von Anfang an nur live aufnehmen sollen.

1994

Buffalo Springfield Again (1967)

Expecting To Fly

Ausgangspunkt waren zwei oder drei Songs, die ich veränderte und miteinander verband. Einspielen und Abmischen haben drei Wochen gedauert. Die Aufnahme ist nicht modern, sondern basiert auf einer alten Theorie: Man mischt sämtliche Instrumente so ab, daß ein dichter Klangteppich entsteht.

1969

Broken Arrow

Das ist eine Metapher dafür, daß man Angst hat und durcheinander ist. Bei den Indianern symbolisiert der gebrochene Pfeil den Frieden nach einem verlorenen Krieg. Ein zerbrochener Pfeil bedeutet in der Regel, daß jemand viel verloren hat.

Schon damals fand ich, daß die Art, wie man in den Sechzigern Platten aufnahm, falsch war. Ich wußte allerdings nicht, *was* daran falsch war. Jedenfalls klang es nicht richtig. Im Vergleich etwa zu The Band klingen die Aufnahmen von Buffalo Springfield furchtbar.

1992

Last Time Around (1968)

Die letzte echte Buffalo-Springfield-Platte war *Buffalo Springfield Again*. *Last Time Around* wurde von Jim Messina zusammengestückelt. Weder Steve noch ich scherten uns darum. Wir hatten einfach keine Lust. Komisch…

1969

I'm A Child

Damals war die Gruppe schon am Auseinanderbrechen. Jeder kochte im Studio sein eigenes Süppchen. Den Baß spielt der Freund der Rezeptionistin von Sunset Sound. Der Rest ist von mir.

1977

Solo

Ich mußte eine Weile raus aufs Land und einfach mal ausspannen. Ich landete am Topanga Canyon; dort kam ich wieder zu mir. Ich kaufte ein großes Haus, von dem aus man den gesamten Canyon überblickte. Irgendwann zog ich wieder aus, weil mir all die Leute zuviel wurden, die ständig bei mir auftauchten. War ein verdammt gemütliches Domizil… Das war 1969, ungefähr zu der Zeit, als ich mit Susan, meiner ersten Frau, zusammenzog – wirklich eine Schönheit.

1974

Ich begann sofort, an einer eigenen Platte zu arbeiten. Konnte gar nicht schnell genug von Atlantic Records wegkommen. Alles nur, weil ich mich von Buffalo Springfield distanzieren wollte. Ich wollte nicht mit den anderen Bandmitgliedern bei derselben Plattenfirma konkurrieren.

1980

Wenn ich mir die Country-Szene anschaue, sehe ich Menschen, die sich umeinander kümmern. Noch 75jährige gehen auf Tournee. Das ist genau das, wofür ich hergekommen bin, und deshalb sehe ich zu, daß ich mich mit Leuten umgebe, die sich um mich kümmern werden. Ich will das nämlich auf Dauer machen. Willie Nelson ist 54 und glücklich, weil er tut, was ihm Spaß macht. Mir fällt kein Rockmusiker ein, für den das gleiche gälte. Was soll ich also tun?

1985

Ich habe nicht aufgehört! Ich habe versucht, etwas anderes zu tun, aber aufgehört habe ich nicht, ist das klar? Ich bin nicht wie einige der Bands aus den Sechzigern, die jetzt wieder kommen, um von irgendeiner Scheiß-Nostalgiewelle zu profitieren.

Meine gesamte Karriere basiert auf systematischer Zerstörung. Das hält mich am Leben: Man zerstört, was man vorher gemacht hat, und besitzt dadurch die Freiheit, etwas anderes zu tun. Und heute geht es mir einfach blendend!

Was ich damit nur sagen will – so viele Kritiker schreiben irgendwelches Zeug über mein Comeback. Dabei brauche ich überhaupt nicht zurückzukommen, weil ich nie weg war! Da wird dann etwa geschrieben: »Dieses Jahr ist Neil Young wieder auf dem Damm.« Als ob mir das jemand zu sagen bräuchte! Soweit ich das beurteilen kann, war ich immer auf dem Damm.

Momentan kann ich mich mit nichts und niemandem anfreunden, der oder das ein Comeback erlebt. Mit Bob Dylan und Lou Reed ist das natürlich etwas anderes. Ihre jüngsten Alben sind hervorragend. Aber für uns drei – das muß man verstehen – ist das jetzt gerade ein wichtiger Moment in unserem Leben. Wir sind durchgekommen, haben alles heil überstanden und schaffen es immer noch, unsere Kreativität zu bündeln. Aber mit The Who, den Stones oder Jefferson Airplane kann und will ich mich nicht in einen Topf werfen lassen. Nicht in den Neunzigern! Ausgeschlossen. Dabei habe ich alle diese Gruppen immer geliebt, vor allem die Stones. Nur haben sie für meinen Geschmack irgendwann den Biß verloren. Und was dann 1989 auf diesen Mega-Tourneen passierte, war nichts als eine Erinnerung, ein Abgesang.

Die heutige Musik von den Stones oder The Who hat nicht mehr das geringste mit Rock'n'Roll zu tun. Vom Gehalt her liegt das alles auf dem Niveau von Perry Como.

1990

Als ihn ein übereifriger Fan unterbrach, hielt Neil dem Publikum im Beacon Theater in New York einen Vortrag über die Beziehung zwischen Vergangenheit und Gegenwart:

Jeder Song war irgendwann einmal neu. Als ich zum ersten Mal nach New York kam, trat ich im Bitter End und in der Carnegie Hall auf und spielte genauso viele neue Stücke wie jetzt. Meine Fans merken nicht, daß sie mich daran hindern weiterzukommen.

1984

Ich will das Publikum, vor dem ich stehe, sehen können, und ich möchte den Leuten das Gefühl geben, daß ich nur für sie spiele. Man läßt sich in die Menge fallen, geht zurück auf die Bühne, rennt herum, vergnügt und besäuft sich – aber man sollte einander wenigstens sehen können. Den Trip mit den Massenveranstaltungen habe ich hinter mir, mein Ego ist diesbezüglich befriedigt. Es hat wohl sein müssen. Aber wenn man es einmal hinter sich hat, was dann? Man merkt einfach, daß so etwas nichts mit Kommunikation zu tun hat.

Keine dieser Platten sollte ein Scherz sein. Das, was ich tat, meinte ich todernst; ich mußte unbedingt aktiv bleiben. Andererseits wollte ich die meiste Zeit während der Achtziger nicht, daß meine innersten Gefühle über das Leben und alles andere zum Vorschein kämen. Damals lasteten viele finstere Gedanken auf meiner Seele, die mit den Erfahrungen in meiner Familie zusammenhingen. Mir passierten in diesen Jahren Dinge, die ich unmöglich hatte voraussehen können, und die mir unerklärlich blieben. Es dauerte lange, bis ich darüber hinweg war und mit meinem Leben wieder zurechtkam. Jedenfalls stellen *Eldorado*, *Freedom* und *Ragged Glory* das Ergebnis dar.

1990

Die LPs:

Neil Young (1969)

Ich habe es neu abgemischt, es wird ein neues Mastertape erstellt und eine Neuauflage gepreßt, so daß man es so hören kann, wie es klingen sollte. Außerdem verhandle ich mit der Plattenfirma, um denjenigen, die die Originalversion gekauft haben, die Möglichkeit zu geben, sie zurückzugeben und gegen die neue umzutauschen.

Jack Nitzsche und ich haben einen ganzen Monat gebraucht, um die Spuren für *Old Laughing Lady* aufzuzeichnen. Ich schreibe in Schüben – die meisten Songs für das zweite Album habe ich innerhalb eines Monats komponiert. Nach einer solchen Phase schreibe ich vielleicht etliche Wochen lang überhaupt nichts.

In das erste Album haben wir viel Arbeit gesteckt – alles wurde mehrfach überspielt, um die klangliche Breite zu erhalten. Aber eigentlich ziehe ich Direktaufnahmen vor. Ich nehme den Gesang lieber gleichzeitig mit der Begleitung auf.

1970

Nur wenige meiner Alben stellen Liebeserklärungen an irgendwen dar. Die Musik ist so umfassend, nimmt viel Raum ein. Mein ganzes bisheriges Leben habe ich meiner Musik gewidmet. Und jedesmal, wenn ich sie vernachlässigt und mich anderem zugewandt habe, hat sich das niedergeschlagen. Die Musik ist beständig – viel beständiger als eine Beziehung. Mein erstes Album war ein typisches Erstlingswerk. Ich wollte mir selbst beweisen, daß ich es konnte. Und dank dem Wunder der modernen Technik habe ich es auch geschafft. Diese erste

Platte war ein regelrechtes Mehrspur-Konglomerat. Sie gehört aber nach wie vor zu meinen liebsten.

1975

Die Single »Sugar Mountain«

Sugar Mountain spiele ich eigentlich mehr fürs Publikum als für mich. Ich glaube, wir schulden es den Leuten, denn es scheint sie wirklich glücklich zu machen. Deswegen spiele ich es. Sie zahlen viel Geld, um mich zu sehen, und ich mute ihnen jede Menge Zeug zu, das sie noch nie gehört haben, und daher schulde ich es ihnen, glaube ich, auch etwas zu spielen, womit sie sich identifizieren können.

Es ist ein nettes Lied, und je älter ich und mein Publikum werden, desto wichtiger wird so etwas, zumal die Leute seit zwanzig Jahren mitsingen. Es bedeutet ihnen eine Menge, und ich gebe ihnen gerne die Gelegenheit, es richtig zu genießen. Es war auf der Rückseite fast jeder Single, die ich in den letzten zehn Jahren herausgebracht habe.

1985

Harvest (1972)

Wenn ich das Material fertig habe, dauert es meistens nicht lange, ein Album einzuspielen. *Harvest* wurde in vier Sessions mehr oder weniger fertiggestellt. Es gab eine Session mit dem London Symphony Orchestra, danach eine in Nashville auf einer gerade laufenden Akustik-Tournee. Nach der Tour kam ich zu einer weiteren Session zurück, und schließlich fand eine Session in meiner Scheune statt. Und das war dann *Harvest*.

1993

In den beiden Jahren zwischen *After The Goldrush* und *Harvest* war ich ständig in irgendwelchen Krankenhäusern. Eine meiner Körperhälften ist ziemlich schwach, und meine Muskulatur ließ mich im Stich. Meine Bandscheiben verschoben sich. Ich konnte meine Gitarre nicht mehr halten. Deswegen habe ich auch während der gesamten Solo-Tournee gesessen. Ich konnte mich kaum bewegen, deshalb zog ich mich längere Zeit auf meine Ranch zurück, pflegte keine Kontakte. Ich trug ein Stützkorsett. Crosby hat gelegentlich nach mir geschaut, wir gingen spazieren, und ich brauchte 45 Minuten bis zum Studio, das nur vierhundert Meter vom Haus entfernt ist. Ich konnte höchstens vier Stunden am Tag stehen.

Während der Aufnahmen für *Harvest* trug ich meistens das Korsett. Das ist der Hauptgrund dafür, daß es ein so sanftes Album geworden ist. Ich war körperlich außerstande, E-Gitarre zu spielen. *Are You Ready For The Country*, *Alabama* und *Words* wurden alle erst nach meiner Operation eingespielt. Die Ärzte redeten schon vom Rollstuhl. Einige Bandscheiben wurden entfernt. Zwei Jahre habe ich überwiegend in Rückenlage verbracht. Dadurch hatte ich viel Zeit, über das, was mir passiert war, nachzudenken.

1975

Mir wurde klar, daß es nicht sonderlich befriedigend sein würde, mich nach dem großen Erfolg dieser Platte auf meinen Lorbeeren auszuruhen. Wahrscheinlich stellte sich irgend etwas in meinem Unterbewußtsein quer, weil ich mich nicht vereinnahmen lassen wollte.

1992

Ich befand mich damals in einer recht beschaulichen Lebensphase – allerdings nur ein paar Monate lang. Wahrscheinlich meine beste Platte, obwohl ich dieses Attribut eigentlich als einengend empfinde.

1993

Heart Of Gold

Wir gingen ins Studio, um das Album zu schneiden, und waren an diesem Abend wahrscheinlich besonders gut drauf; es wurde eine gute

Aufnahme, aber damit war die Sache abgeschlossen. Ich habe bei einigen Künstlern erlebt, wie sie sich auf dem Single-Markt verzettelten, obwohl eigentlich Alben ihre Stärke waren. Es ist gar nicht so schwer, aber wer schlau ist, bleibt bei dem, was ihm wirklich liegt... Hoffentlich gibt es auf meiner nächsten Platte keine Single.

1973

Dieser Song hat mich auf die Straße zum Erfolg gebracht. Aber das Reisen dort wurde mir schnell langweilig, also bin ich in den Seitengraben abgetaucht. Das ist zwar beschwerlicher, aber ich stieß dort auf interessantere Menschen.

1977

Time Fades Away (1973)

Danny [Whitten] starb unmittelbar vor der Tournee zu *Time Fades Away*. Er hätte dabeisein sollen. Wir hatten mit ihm geprobt, aber er kam einfach nicht klar. Er war völlig draußen, völlig daneben. Ich mußte ihn nach L.A. zurückschicken. »Das läuft nicht, Junge. Du bist nicht bei der Sache.« Er entgegnete: »Ich weiß nicht, wo ich sonst hin soll. Wie erkläre ich das meinen Freunden?« Dann ging er. Noch am selben Abend rief der Leichenbeschauer bei mir an und teilte mir mit, daß Danny eine Überdosis genommen hatte. Ich rastete aus. Völlig. Ich hatte an ihm gehangen. Fühlte mich verantwortlich. Und mit diesem Gefühl mußte ich nun auf dieser Riesentournee in riesigen Hallen spielen. Ich wurde extrem nervös und... unsicher.

1975

Time Fades Away war ein sehr nervöses Album. Und genau so fühlte ich mich während der Tournee. Setzt man sich hin und hört sich meine Platten an, kann man so etwas heraushören. Nicht, daß man sich bei jedem Anhören darauf einlassen müßte, aber wenn einen so etwas interessiert, ist es wichtig. Für mich sind alle meine Platten Teile einer sich fortsetzenden Autobiografie. Man kann nicht immer wieder dasselbe Buch schreiben. Manche Künstler können das. Sie bringen jedes Jahr drei oder vier Platten heraus, und alle klingen verdammt gleich…

1977

Das interessiert mich nicht. Mich interessiert es, auszudrücken, was in meinem Kopf vorgeht. Ich erwarte nicht, daß sich die Leute ständig nur meine Musik anhören. Manchmal ist sie einfach zu intensiv. Wenn man morgens um elf eine Platte auflegt, sollte es nicht *Tonight's The Night* sein. Besser wären die Doobie Brothers.

1975

Ich könnte mir vorstellen, daß ich den perfekten Nachfolger [zu *Harvest*] hätte herausbringen können. Einen echten Knüller. Aber das wäre genau das gewesen, was alle erwartet hätten. Und wenn das eingetreten wäre, hätten alle geglaubt, mich und mein Anliegen zu verstehen, und das wäre dann das Aus für mich gewesen. Ich hätte mich selbst in die Enge manövriert. In Wahrheit bin ich überhaupt nicht der einsame gelassene Typ mit Gitarre. So bin ich längst nicht mehr. Ich möchte mich nicht so fühlen müssen, wie das Publikum es von mir erwartet.

Niemand hat mit etwas wie *Time Fades Away* gerechnet, und ich bereue nicht, diese Platte gemacht zu haben. Mir kam es weder auf das Geld noch auf meinen Ruf an. Man muß immer wieder wechseln: sein Hemd, seine Alte, alles. Ich ziehe die Veränderung vor, auch wenn ich dadurch oft Menschen verliere. Diesen Preis bin ich bereit zu zahlen. Es interessiert mich einen Dreck, ob mein Publikum hundert oder hundert Millionen zählt. So etwas ist mir einerlei. Ich bin der Ansicht, daß das, was sich verkauft, und das, was ich mache, zwei Paar Stiefel sind. Passen sie zueinander, so ist das Zufall. Ich schätze einfach die Freiheit, auch ein Album wie *Tonight's The Night* herauszubringen, wenn mir danach ist.

Es verursacht beim Hören Unbehagen. Das einzig Erleichternde daran war, daß es meine damalige Verfassung genau wiedergab. Es stellt ein Kapitel dar, das ich lieber nicht geschrieben hätte, von dem ich aber wußte, daß es aus mir herausmußte, weil es etwas zu bedeuten hatte... Hin und wieder hat mir jemand erzählt, daß ihm die Platte gefällt. Viele waren es allerdings nicht.

1988

Decade (1977)

Nichts von *Time Fades Away* findet sich auf *Decade* wieder. Und genau deswegen ist *Decade* eine gute Platte. Sie enthält eine subjektive Aussage über meine Arbeit. Es wurde reichlich Material hinzugefügt und später wieder weggelassen. Es lassen sich unterschiedliche Blickwinkel feststellen, nicht wie bei einem ausgewogenen Leitartikel.

1995

Comes A Time (1978)

Ich bewegte mich in die eine Richtung und mußte dann auf einmal genau in die andere gehen, um eine Art »Befreiung« zu erfahren. Meiner Karriere liegt ein Muster zugrunde, das sich fortwährend wiederholt. Das ist allerdings nichts Besonderes. Meine Richtungsänderungen sind genauso berechenbar wie Sonnenauf- und -untergang.

1995

Hawks & Doves (1980)

Es ist für mich gewissermaßen ein Übergangsalbum, was jedoch nicht heißen soll, daß sich darauf nicht einige hochinteressante Songs befänden. *Comin' Apart At Every Nail* ist gut, und *Union Man* gefällt mir sehr. Es ist keine Sensation, nur eine witzige kleine Platte, die meinen damaligen Standpunkt und meine damalige Arbeit dokumentiert.

1995

Trans (1983)

Ich liebe Maschinen und glaube, daß sich künftig alles um sie drehen wird. Man wird sich völlig verstellen können. In der Computermusik liegt, glaube ich, meine Zukunft. Vielleicht auch nicht...

1982

Trans spiegelt mein Interesse dafür, wie Maschinen und Computer unser Leben bestimmen. Dieses Bild von Aufzügen mit digitaler Stockwerksanzeige, in denen Menschen von Etage zu Etage fahren, und alles wird von einer Maschine kontrolliert. Und die Drumcomputer und so weiter... Und ich stand vor all diesen elektronischen Geräten wie ein alter Hippie mitten im Wald. Ich kam aus dem Staunen kaum heraus. Ich hatte mir einen kompletten Videofilm für dieses Album ausgedacht, Figuren und Bilder von Lebewesen, die zu den verschiedenen Stimmen gehörten. Aber ich habe niemanden dazu überreden können, die Videos zu drehen. Niemand wollte glauben, daß die Idee etwas taugte.

1988

Wenn man sich *Trans* anhört, wenn man die Texte von *Transformer Man*, *Computer Age* und *We R In Control* hört, findet man jede Menge Anspielungen auf meinen Sohn und auf Menschen, die ihr Leben zu führen versuchen, indem sie auf Knöpfe drücken, Menschen, die die Kontrolle über ihre Umwelt zu erlangen suchen und mit Personen reden, die nicht sprechen können, sondern Computerstimmen oder ähnliches benutzen. Es sind lediglich Andeutungen, aber sie sind zu hören. Allerdings hängt das alles mit einem Teil meines Lebens zusammen, den praktisch niemand nachvollziehen kann. Meine Musik, das Abbild meines inneren Ichs, wurde also zu etwas, das niemand mehr nachvollziehen konnte. Ich begann, mich hinter stilistischen Spielereien zu verstekken, und verteilte nur hier und da kleine Hinweise auf das, was mir wirklich durch den Kopf ging. Ich wollte das alles einfach nicht in Form von Songs veröffentlichen, die genau erklärten, was ich zum Ausdruck bringen wollte, und das so lauthals, daß es alle mitbekamen.

1988

Mein Sohn ist schwerbehindert. Damals suchte ich einfach nach einer Möglichkeit, mich auszudrücken, mit anderen zu kommunizieren. Von all dem handelt *Trans*. Und darum merkt man zwar, daß ich auf dieser Platte etwas aussagen will, versteht aber nicht, was. Genau dies war das Gefühl, das ich meinem Sohn gegenüber hatte.

Ich werte *Trans* nicht ab. Mir gefällt die Platte, und wenn etwas daran nicht stimmt, liegt es meiner Meinung nach an der Abmischung. Es gab bei dieser Produktion viele technische Probleme, aber inhaltlich ist sie hervorragend.

1995

Everybody's Rockin' (1983)

Ich halte die Platte für ebenso gut wie *Tonight's The Night*. Sie hatte einen ausgeprägten eigenen Charakter und eine erstklassige Story, die aber leider nicht auf dem Album erschienen ist. Bevor ich sie zu Ende bringen konnte, wurden die Aufnahmen abgebrochen. Geffen sagte mehrere Sessions ab, auf denen ich an zwei Songs arbeiten wollte – *Get Gone* und *Don't Take Your Love Away From Me*, die dem Ganzen viel mehr Tiefe verliehen hätten... Aber ohne die Auftritte zu sehen, hätte man ohnehin nicht so viel davon gehabt. Die Intensität von *Tonight's The Night* hatte das alles natürlich längst nicht. Das Material hatte ganz offensichtlich weniger Tiefe. Es waren recht oberflächliche Songs. Aber während einer bestimmten Zeit waren die Musik und die Popstars nun einmal so. Trotzdem war es gute Musik, wirklich gute Musik.

Wenn ich also Platten wie *Everybody's Rockin'* gemacht habe, die von allen in der Luft zerrissen wurden, dann war mir das von Anfang an klar. Ich bin ja nicht blöd. Glauben die Leute etwa, ich halte das für das Beste, was ich je aufgenommen habe? Wie man sieht, bin ich mir darüber im klaren, daß dem nicht so ist. Abgesehen davon war auch dies eine Möglichkeit zu demontieren, was ich vorher geschaffen hatte. Andernfalls hätte ich nie tun können, was ich heute tue. Wenn man etwas aufbaut, muß man es anschließend systematisch zerstören, bevor das Publikum beschließt: »Aha, in diese Schublade können wir ihn stecken.«

1995

Old Ways (1985)

In *Misfits* findet man jede Menge Elemente von Science Fiction, von Zeitreisen. Personen halten sich an verschiedenen Orten auf, aber alles hätte genau gleichzeitig passieren können. Alle Szenen dieses Songs hätten simultan stattfinden können, und doch gibt es weiter keine Verbindung. Ich finde das sehr interessant…

Ich habe das Stück in wenigen Minuten komponiert. Irgendwann abends im Studio – ich war alleine – habe ich mir die E-Gitarre gegriffen, voll aufgedreht, vor mich hin gespielt und den Song in einer Nacht heruntergeschrieben. Ich war einfach total bei der Sache und habe alles gleich zu Papier gebracht.

1985

Landing On Water (1986)

Dieses Album war wie eine Wiedergeburt. Meine Rückkehr nach L.A., nachdem ich mich so lange zurückgezogen hatte. Ich fand zu meinen Rock'n'Roll-Wurzeln und zu meiner musikalischen Dynamik zurück. Etwas erwachte in mir – wie ein Bär aus dem Winterschlaf.

1988

Eldorado (1989)

Zur eingeschränkten Lieferbarkeit

Wenn jemand die Platte unbedingt hören will, kann er sie sich ja irgendwo aufnehmen. Wir leben schließlich im digitalen Zeitalter. Nur zu, macht euch Kopien! Mich stört das nicht.

1989

Ich hatte ziemlich viel Material – acht oder neun Songs – in der Hit Factory am New Yorker Times Square aufgenommen. Ich stellte ein Album zusammen, das ursprünglich *Times Square* heißen sollte, benannte es dann aber in *Eldorado* um. Ich habe es abgemischt, mich aber unmittelbar vor der Veröffentlichung völlig umentschieden, weil ich unbedingt eine Platte haben wollte, die wirklich Aufsehen erregen würde, die nicht nur einfach irgend etwas darstellte, was ich hatte machen wollen. Ich fand, ich hatte lange genug gemacht, was ich machen wollte, aber zuwenig an die Wirkung gedacht. Für sich genommen, schien mir *Eldorado* eine wirklich gute Platte zu sein, aber wenn man nichts vorzuweisen hat, was sich fürs Radio eignet, kann man die Sache eigentlich vergessen. Ebensogut könnte man überhaupt keine Platte machen. Also beschränkte ich mich auf diejenigen Songs, die das Feeling von *Eldorado* trugen, und veröffentlichte sie als EP. So konnte ich all den Mist vermeiden, den ich normalerweise erdulden muß, bevor ich überhaupt die Bühne betrete.

Zumindest konnte ich mir die nervenaufreibende Erfahrung ersparen zu versuchen, etwas, was meiner Meinung nach wirklich ein Stück von mir darstellte, ins Radio zu bekommen, nur um dabei eins ums andere Mal festzustellen, daß niemand es spielt, weil es nicht ins Schema paßt. Davon habe ich die Schnauze voll.

1990

Freedom (1989)

Das sollte einmal ein richtiges Neil-Young-Album werden – so albern das aus meinem Mund auch klingen mag. Seit Jahren habe ich mich um die Frage herumgedrückt, was mich wirklich beschäftigte, indem ich mich auf Stilistisches konzentrierte und Genre-Platten aufnahm. Ich wollte nicht über die Ereignisse in meinem Privatleben sprechen, deshalb ließ ich sie außen vor. Allmählich komme ich da wieder raus, habe damit allerdings auch viele Fans vor den Kopf gestoßen. Trotzdem hat es eine Menge Spaß gemacht – man lebt ja schließlich nur einmal.

Immerzu mache ich mir Gedanken darüber, wie meine Musik klingen wird, aber verrückt mache ich mich deswegen nicht. Vielleicht hätte ich mehr Filme machen und mich über sie ausdrücken sollen. Möglicherweise hätte ich, wenn man mir genügend Filmrollen angeboten hätte, in den vergangenen zehn Jahren überhaupt keine Platten mehr gemacht. Dieses Album allerdings verkörpert mich selbst, meine Gedanken, meine Gefühle.

1989

Rockin' In The Free World

Der Song besteht aus einem Haufen Bildern: Drogen, Krieg, Moslems, die uns hassen, Amerikaner wie Europäer. Sie entsprechen nicht dem, was wir unter »zivilisiert« verstehen, und halten ihrerseits uns für Barbaren, für Teufel. Wie ein Journalist beschreibe ich lediglich beide Seiten. Eine eigene Meinung habe ich dazu nicht. Ich gebe keine Antworten, keine Richtlinien, sondern schreibe bloß nieder, was ich zu erkennen glaube, und ändere selbst täglich meine Einschätzung…

Das Lied ist so ähnlich wie *Born In The USA*. Der Refrain ist zweischneidig. Zunächst einmal stimmt es schon, daß wir Amerikaner dieses »keep on rockin' in the free world« wollen, daß wir wie bisher weitermachen und voranschreiten wollen. Doch wie frei ist diese freie Welt überhaupt? Die chinesischen Studenten haben eine idealistische Vorstellung von Freiheit und Demokratie, und die wollen sie verwirklichen. Ich rege nur dazu an, einmal genauer hinzusehen.

1989

Harvest Moon (1992)

Die Platte ist nicht weniger aggressiv als meine anderen drei Country-Alben, hat aber auch ihre friedlichen Momente. Nach etwas so Kriegerischem wie *Weld* und *Arc* ist es nun an der Zeit, in die entgegengesetzte Richtung zu gehen, Einkehr zu halten. Es ist fast so, als befände man sich im Zentrum eines Wirbelsturms: Man ist von Energie umgeben, und doch ist alles still und friedlich.

1992

Das Album drückt meiner Meinung nach aus, daß es nicht schlimm ist, daß manche Dinge nicht ewig halten, denn das heißt ja nicht, daß man aufhören müßte, zu leben, zu lieben, Erfahrungen zu sammeln. Man kann nach wie vor so brillant und bei der Sache sein wie in jungen Jahren. Es ist egal, ob man nun zwanzig, dreißig oder vierzig ist. Es kommt nur darauf an weiterzuleben. Nicht das Handtuch zu schmeißen.

1992

Ich möchte nicht zurück. Meine Verantwortung liegt im Hier und Heute, in dem, was ich jetzt tue. Ich sehne mich nicht nach der Vergangenheit, und auch auf *Harvest Moon* geht es nicht darum. Auch wenn ich allmählich alt werde, blicke ich nicht allzuoft zurück. Ich bin zufrieden mit dem, was zur Zeit in meinem Leben passiert. Was wir alles in den Sechzigern erlebt haben, war fantastisch, aber was mich betrifft, muß sich das nicht unbedingt wiederholen. Vorbei ist vorbei. Man kann nicht ewig über die eigene Schulter schielen. Wenn man immerzu über die Vergangenheit nachdenkt und überlegt, was hätte sein können, kann man gleich ins Museum ziehen.

1992

Meine femininste Platte. Ich könnte mir vorstellen, daß sie Frauen, die die beiden letzten vermutlich nicht mochten, gefallen würde. Es ist eine weibliche Platte, und dieses Moment wollte ich mir erhalten. Genau darum geht es auf diesem Album.

1993

Eine Auswahl von Songs über das Festhalten, über den Versuch, den Dingen Bestand zu verleihen, auf die Vergangenheit zurückgreifen und sie mitnehmen zu können, statt sie hinter sich lassen zu müssen.

1994

Harvest Moon habe ich gemacht, weil ich keine lauten Töne mehr hören wollte. Ich leide immer noch leicht an Tinnitus, aber glücklicherweise reagiere ich nicht mehr so empfindlich auf Lautstärke wie in dem Jahr nach dem Abmischen von *Weld*. Mein Gehör funktioniert nicht mehr perfekt, aber es reicht. Ich weiß nicht genau, was da los ist, aber zumindest höre ich noch gut genug, um zu genießen, was ich tue. Ich bekomme nach wie vor viele Einzelheiten mit. Ich bin ein Fanatiker, wenn es darum geht, Feinheiten herauszuhören, und das ist nicht verlorengegangen, obwohl ich mich andererseits auch mit diesen Nebengeräuschen abfinden muß.

1995

Mirrorball (1995)

Ich gehe nicht gerne ins Studio, um an einem einzigen

Song zu arbeiten. Manche befassen sich monatelang mit nur einem Stück, aber mich würde das wahrscheinlich verrückt machen. Ich wollte versuchen, mehr herauszuholen. Also habe ich zunächst über meine Musiker nachgedacht, machte mir klar, wer sie waren und wer ich war. Wir probten vier Songs, davon schafften wir drei am ersten und einen am zweiten Tag. Dann gingen wir, buchten anschließend noch zwei Tage und schafften am ersten drei weitere Songs. Dabei hatte ich überhaupt keine fertigen Stücke, nur ein paar Ideen...

Die Songs für den zweiten Tag schrieb ich in der Nacht und am Morgen unmittelbar vor der Session. Aber zumindest waren sie fertig! Manchmal muß ich mir so etwas geben, um richtig ranzuklotzen... Es gab keine vorgegebene Richtung. Kein Wort wurde darüber verloren, wer wo was zu spielen hätte. Kein Wort. Wir legten einfach los, ich klimperte auf der Gitarre, zeigte den anderen die Harmonien, spielte und sang dazu, und nach dem vierten Durchgang war alles erledigt.

1995

Eine Ansammlung von Bildern, die aus mir heraussprudelten. Deswegen gefällt mir auch der Name *Mirrorball*, denn dabei handelt es sich um ein Gebilde aus kleinen quadratischen bzw. rechtwinkligen Spiegeln. Schaut man hinein, sieht man in jedem etwas anderes, und alles dreht sich. Etwas Ähnliches passiert mit der Platte – so erkläre ich es mir jedenfalls.

Wenn alles zu sehr geplant wird und jeder weiß, was passiert bzw. passieren wird, kann man es sich doch eigentlich schenken, oder?

1995

Ich hatte mir eine Passage für *Peace And Love* ausgedacht, konnte mir aber nicht vorstellen, wie sie hineinpassen würde. Ich nahm die Gitarre und drehte den Verstärker voll auf, so daß niemand hören konnte, wie ich dieses

Stück leise vor mich hin sang, und dann setzte ich mit den anderen ein und sollte zum ersten Mal *Downtown* spielen und dachte plötzlich: »Was zum Teufel ist das denn? Das hat ja einen völlig anderen Groove!« Da stand ich also und überlegte, was ich mit dem Song anfangen sollte, doch die Musik sagte mir: »Laß das Denken. Musik ist nicht Denken.« Und so komponierte ich das Stück buchstäblich an Ort und Stelle, während ich es spielte.

1995

Pearl Jam haben *Act Of Love* auf einem DAT-Recorder aufgenommen, als ich es mit Crazy Horse auf der Hall-of-Fame-Veranstaltung spielte. Am nächsten Tag erzählten sie mir, das Stück gefiele ihnen. »Könnt ihr es spielen?« fragte ich. Sie erkundigten sich nach einem bestimmten Akkord und meinten dann: »Natürlich.« Nachdem wir es gespielt hatten, unterhielt ich mich mit Eddie [Vedder], und er sagte, daß die Band den Song unbedingt mit mir einspielen wollte. Ich antwortete, ich fände das großartig und wir sollten gleich einen Termin ausmachen. Ich hatte das Gefühl, daß wir die Sache durchziehen sollten, solange die Begeisterung anhielt. Immerhin hatten wir schon eine Gelegenheit verpaßt: Als wir es in der Constitution Hall zum ersten Mal live spielten, lief es wirklich gut. Für mich war das Ganze eine erfrischende Abwechslung. Nichts, wo ich mich hätte profilieren müssen – schließlich war ich nicht der Boß. Es machte einfach Spaß.

1995

Die Aufnahmen zu *Mirrorball* waren sozusagen »gehörte Wahrheit«, eine echte Momentaufnahme. Manchmal wußte ich nicht einmal, wer gerade spielte. Ich war mir lediglich dieser gewaltigen, brodelnden Klangwand bewußt. Die gesamte Platte war innerhalb von vier Tagen eingespielt, und sämtliche Songs – mit Ausnahme von *Song X* und *Act Of Love* –

wurden auch in diesem Zeitraum komponiert. *Act Of Love* habe ich im Januar mit Crazy Horse in der Rock'-n'Roll Hall of Fame gespielt. In der folgenden Nacht spielte ich das Stück mit Pearl Jam auf dem Pro-Choice-Benefizkonzert; diese Version war so kraftvoll, daß ich mich sofort entschloß, sobald wie möglich eine Aufnahme mit dieser Formation zu machen. Rein musikalisch betrachtet war dies das erste Mal seit Buffalo Springfield, daß ich in einer Gruppe mit drei potentiellen Leadgitarristen aufgetreten bin.

1995

Crosby, Stills, Nash & Young

Als Buffalo Springfield auseinanderbrachen, hatte ich das Gefühl, in einer Gruppe nicht arbeiten zu können. Insbesondere hätte ich nicht gedacht, noch einmal mit Steve in derselben Band zu spielen, obwohl ich durchaus der Meinung war, daß wir irgendwann wieder zusammen auftreten würden.

Ich glaube, ich habe jetzt den perfekten Zustand gefunden: Ich gehöre zur Band, was mir wirklich zusagt, kann mich aber durch meine eigene Arbeit auch als Individuum ausdrücken. Ich empfinde es als innere Notwendigkeit, meine eigene Musik machen zu können, nicht zuletzt, weil das mein Ego auf die gewünschte Ebene hievt…

1970

Ich liebe es, mit den anderen aufzutreten; aber gemeinsam mit Stephen zu spielen, ist etwas ganz Besonderes. David ist ein exzellenter Rhythmusgitarrist, und Graham singt erstklassig… Scheiße, ich brauche doch niemandem mehr zu sagen, daß diese Typen einfach phänomenal sind. Ich wußte, daß es ein Vergnügen sein würde. Ich brauchte nicht im Mittelpunkt zu stehen, sondern konnte mich entspannen. Es mußte sich nicht alles um mich drehen. Es war eine Supergruppe, und das machte es mir leicht. Überstunden konnte ich mit Crazy Horse immer noch machen. Bei CSN&Y war ich in erster Linie ein Instrumentalist, der bei einigen Songs mitsang. Das war einfach. Und die Musik war fantastisch. Für das Publikum bin ich Neil Young von CSN&Y, nicht wahr? Aber das ist nicht meine Hauptbeschäftigung, sondern etwas, was ich nur hin und wieder tue.

1975

Alle Welt schießt sich darauf ein, daß wir die ganze Zeit über miteinander streiten würden. Das ist Schwachsinn. Die Leute haben einfach keine Ahnung, worüber sie da reden. Das sind Gerüchte, sonst nichts. Wenn wir vier zusammentreffen, wird es ziemlich intensiv. Läßt man vier völlig unterschiedliche Charaktere aufeinander los, die alle ihre eigenen Vorstellungen davon haben, wie man an eine Sache herangehen sollte, wird es leicht hitzig. Wir schätzen das. Jedenfalls haben wir unseren Spaß.

1975

Als Stephen bei mir vorbeikam und mich fragte, ob ich bei ihnen einsteigen wollte, war mir klar, daß sie mich für etwas ganz Bestimmtes brauchten. Ich nehme an, es ging um die Live-Auftritte, für die sie mehr E-Gitarre und mehr Rock'n'Roll als Gegengewicht zu den Folk-Harmonien wollten. Als ich der Gruppe beitrat, wollten sie meinen Namen nicht berücksichtigen, sondern sich weiterhin Crosby, Stills and Nash nennen. Ich wollte wissen, was *ich* davon hätte, und zu guter Letzt haben sie eingesehen, daß am Schluß »and Young« stehen sollte.

Ich war in dieser Formation immer nur ein Anhängsel. Bei den Live-Auftritten hielt ich mich zunächst im Hintergrund. Erst später trat ich ins

Rampenlicht, und das hat mir in mancher Hinsicht gutgetan. Es hob mich heraus. Ich wollte eigentlich nicht mit einer Handvoll anderer in einen Topf geworfen werden.

1979

David behauptet, mit Crosby, Stills, Nash & Young Musik zu machen, gehe ihm über alles. Ich habe gesagt, wenn er mir beweisen kann, daß dies wirklich sein Lebensinhalt ist, und er die Finger von den Drogen läßt, gehe ich mit ihnen auf Tournee. Das war vor drei Jahren, aber bisher hat nichts stattgefunden.

So wie ich es sehe, wird er entweder eines Tages an einer Überdosis sterben, oder wir treten irgendwann doch noch zusammen auf. So einfach ist das. Aber bis einer dieser beiden Fälle eintritt, bzw. bis er clean ist, mache ich nicht mit. Live Aid war eine Ausnahme, zu der ich mich spontan entschlossen hatte. Die anderen kennen alle meinen Standpunkt.

Ich werde nicht mit CSN&Y auf Tour gehen, die Band von aller Welt unter die Lupe nehmen lassen, mir anhören, wie genial und wie bedeutend sie sei, und diesem Typ zusehen, der dermaßen an der Nadel hängt, aber immer noch nicht so sehr, daß er nicht davon loskommen könnte. Wir haben ihn ja alle erlebt, als er kürzlich einmal clean und so brillant wie eh und je war. Bis er also mehr Achtung vor dem Leben und vor seinem eigenen Einfluß auf junge Leute zeigt… Warum sollte so ein junger Mensch, dem die alten CSN&Y-Platten gefallen, weil er sie von seinen Eltern kennt, ein Zwölfjähriger vielleicht, sich CSN&Y in dem Bewußtsein anschauen, daß dieser Typ da vorne kokainsüchtig ist, sich etliche Jahre lang die Birne vollgeknallt hat, aussieht wie ein Schwachsinniger, aber trotzdem im Fernsehen auftritt, Erfolg hat und immer noch ein großer Star ist? So etwas will ich niemandem vorführen. Niemand sollte das zu sehen bekommen.

1985

Mit Menschen aufzutreten, die man seit 25 Jahren kennt, verleiht einem eine bestimmte Energie. Man hat so viele Veränderungen, so viele Höhen und Tiefen gemeinsam durchlebt. Solche Menschen haben dich Falsches, aber auch Brillantes tun sehen. Sie haben dich erlebt, als es dir richtig dreckig ging... Und du selbst hast all das bei ihnen gesehen. Trotzdem gibt es uns noch. Außerdem war ich neugierig, wie es klingen würde, wenn wir nach so vielen Jahren zusammen sängen. Schon seit zwei oder drei Jahren habe ich das vor. Jetzt wird es möglich.

Meiner Meinung nach haben CSN&Y einiges mitzuteilen, allen voran Crosby. Er verfügt über eine enorme Präsenz. Seine Kraft, sein Überleben, seine überragenden Fähigkeiten als Songschreiber, seine Zugehörigkeit zu einer erfolgreichen Band können vielen, die im selben Boot sitzen, als Orientierung dienen.

Es geht ihm prächtig. Emotional ist er ein wenig zerrüttet, weil er seine Gefühle lange unterdrückt hat, statt sie nach außen dringen zu lassen. Nun aber ist er clean und kann seinen Emotionen ihren Lauf lassen, und deshalb sind seine Höhenflüge ebenso wie seine Tiefs *echt*. Es sind eben die Extreme seiner Persönlichkeit. Aber er schafft es heute, seine Tiefs zu überwinden, ohne daß er gleich wieder aus der Bahn geworfen wird.

1988

Wir [Neil und Stephen] sind wie Brüder. Wir lieben und hassen einander. Wir ärgern uns übereinander, aber lieben es, zusammen Musik zu machen. Ich sehe und höre so viel bei Stephen, daß es mich enttäuscht, wenn es sich nicht aufzeichnen läßt. Im Laufe unseres gemeinsamen Lebens gab es viele Enttäuschungen, aber es ist auch jede Menge hervorragende Musik dabei herausgekommen. Mit seinen Ideen für meine Songs macht er mich immer wieder sprachlos. Er ist einer der besten Musiker, die ich in meinem Leben kennengelernt habe. Ein erstklassiger Sänger und unglaublicher Songwriter.

1988

Nash ist ein sehr direkter, aufrichtiger, organisierter Typ, sehr qualitätsbewußt und zuverlässig. Außerdem ist er ein ausgezeichneter Sänger. Er kommt erstaunlich hoch. Er hält die Fäden gern in der Hand und ist sehr stolz darauf, absolut alles erreichen zu können, was erforderlich ist. Ohne Nash gäbe es Crosby, Stills & Nash überhaupt nicht. Alles wäre längst vorbei.

1988

Man muß einfach einsehen, daß eine CSN&Y-Tournee in hohem Maße eine Nostalgietour wäre. CSN&Y stehen für Woodstock – die Zeit, die Generation von damals. Warum also auf Tour gehen, wenn wir physisch nicht mehr auf der Höhe sind? Wenn das Publikum uns als die großen Brüder sieht, die es durch alle Veränderungen hindurch begleitet haben, will es dann ein paar Typen sehen, die nicht mehr ganz beieinander sind? Nein! Es will eine Gruppe sehen, die Stärke ausstrahlt, durchgehalten, überlebt hat, immer noch kreativ ist und besser aussieht denn je.

Wenn wir auf die Bühne treten und auf den Arsch fallen, wer sind wir dann? Dean Martin? Die ganzen Alkoholiker, die zu seinen Shows pilgerten, haben nicht etwa gesagt: »Wow, schaut euch Dean an. Er hing an der Flasche, aber er hat sich da herausgeschafft und steht jetzt im alten Glanz neben Frank und Sammy.« Mir tut der Kerl leid.

1988

Stills ist mit Abstand der lauteste von uns vieren, wenn es um gegenseitige Beschimpfungen und dergleichen geht. Allerdings befindet er sich gerade in einer wirklich wichtigen Lebensphase. Er hat gerade geheiratet, und seine Frau ist schwanger. Vieles ist für ihn völlig neu. Wenn wir dann zusammen Musik machen, ist es wie in den guten alten Zeiten.

1988

Die LPs:

Déjà Vu (1970)

Die eigentlichen Gruppensessions auf diesem Album waren *Helpless* und *Almost Cut My Hair*. Das war wirklich Crosby, Stills, Nash & Young. Der Rest waren diverse Kombinationen, Aufnahmen, die einer nicht alleine machen konnte und für die er sich der anderen bediente. *Woodstock* war anfangs eine hervorragende Aufnahme, eine fantastische Live-Session. Alle spielten und sangen gleichzeitig. Stephen sang sich die Seele aus dem Leib. Das Band hatte etwas Magisches.

Später waren sie lange damit im Studio und fingen an, pingelig zu werden. Stephen hat jedenfalls den Gesang gelöscht und eine neue Version aufgenommen, die nicht annähernd so überragend war wie die erste. Sie haben vieles überarbeitet, was für meinen Geschmack ursprünglich viel roher und vitaler klang. Aber das ist, wie gesagt, alles Geschmackssache. Ich erwähne es nur, weil es den einen oder anderen vielleicht interessiert, wie dieses Album entstanden ist. Mit allem, was *ich* dafür aufgenommen habe, bin ich zufrieden. Es ist alles gut gelungen. Jedenfalls hege ich keinen Groll.

1975

Die Single »Ohio« (1970)

Es fällt mir immer noch schwer zu glauben, daß ich diesen Titel geschrieben habe. Es liegt eine gewisse Ironie darin, daß ich aus dem Tod dieser amerikanischen Studenten Kapital geschlagen habe. Es war wahrscheinlich die wichtigste Lektion, die je an einer amerikanischen Bildungsstätte gelernt worden ist.

1977

American Dream (1988)

Wir versuchten, ein gutes Album zu machen, und es wurde ganz leidlich. Aber ich glaube, es ist vorbei. Die Spannung ist raus.

1989

Man hätte doch eigentlich erwartet, daß unser Auftritt bei Live Aid dieser ganzen Nostalgiewelle einen gehörigen Dämpfer verpassen würde, oder? Aber im Ernst: Meiner Meinung nach rufen CSN&Y beim Publikum ein ganz bestimmtes Gefühl hervor. Unsere Fans wollen es wiederaufleben lassen, weil es ihnen bestätigt, daß sie selbst noch am Leben sind. CSN&Y können – wenn alles klappt – eine sehr hingebungsvolle, von Herzen kommende und aufrichtige Musik machen. Es ist durchaus nicht einfach, so etwas zustandezubringen und die ganze Scheiße drumherum hinter sich zu lassen. *American Dream* stellt einen fehlgeschlagenen Versuch dar, das vorhandene Potential annähernd zu verwirklichen. Aber für mich ist das kein Grund, es irgendwann nicht erneut zu versuchen.

1995

Crazy Horse

Crazy Horse bringen etwas sehr Primitives in mir zum Vorschein. Wir lassen wirklich viel an Emotionen heraus. Die jungen Leute können sich damit identifizieren. Das Ganze hat etwas sehr Kindliches. Ich hatte mit Crazy Horse jede Menge Spaß.

1988

Sehr vereinfacht ausgedrückt, könnte man CSN&Y mit den Beatles und Crazy Horse mit den Stones vergleichen. Mit Crazy Horse versuche ich, Platten aufzunehmen, die nicht unbedingt Hits werden, die sich die Leute aber immer wieder anhören.

1969

Billy Talbot ist als Bassist gewaltig, obwohl er immer nur zwei oder drei Töne spielt. Das Publikum fragt sich bis heute, ob es daran liegt, daß er nur diese zwei oder drei Noten *kennt*, oder daran, daß er keine anderen spielen will. Wenn er aber einen Ton anschlägt, dann spricht dieser für sich – eine dicke, fette Note. Selbst leise Töne klingen so... Wenn Crazy Horse nicht diesen Hintergrund liefern, klinge ich völlig normal. Aber wenn sie für den fetten Sound sorgen, kann ich mich treiben lassen und klinge *gewaltig*.

1988

Ich liebe es, diese Art Musik zu machen. Für mich hat es

etwas Selbstverständliches, mit Crazy Horse zu spielen. Aber es ist nicht alles, und momentan reicht es mir nicht. Außerdem kann ich die Art Musik, die ich mit Crazy Horse spiele, heute nur noch gelegentlich spielen.

1990

Es ist immer ein Erlebnis, mit Crazy Horse Musik zu machen, weil dabei eine Art Zen-Impuls zu spüren ist. Ich habe Glück, weil ich einfach einem vorgegebenen Pfad folge. Kreuzt etwas meinen Weg, was Spaß macht, Kreativität verheißt und mich zum Komponieren inspiriert, gehe ich ihm nach. Jedesmal, wenn ich eine Veränderung vornehme, spüre ich die Auswirkungen. Natürlich gibt es Menschen, die unmittelbar betroffen sind, wenn ich mich entschließe, in anderen Formationen zu spielen, aber damit muß ich leben. Ich habe deswegen keine Schuldgefühle. Ich muß der Vision folgen, die mir die Musik vorgibt.

1995

Die LPs:

Everybody Knows This Is Nowhere (1969)

Everybody Knows This Is Nowhere ist wohl meine beste Platte. Mein Lieblingsalbum. Crazy Horse haben mir gefallen, seit ich zum ersten Mal das *Rockets*-Album auf White Whale gehört habe. Die ursprüngliche Besetzung, die wir 1969/70 hatten – Molina, Talbot, Whitten und ich –, war fantastisch. Und jetzt ist es wieder so. Alles, was ich mit Crazy Horse gemacht habe, war unglaublich – schon allein vom Gefühl her.

1975

Der Ausgangspunkt dafür waren Stills und ich auf *Bluebird*. Wir haben diese offene D-Stimmung 1966 mehr oder weniger gleichzeitig entdeckt, glaube ich. Wir haben viel zusammen in dieser Stimmung gespielt. Es war die Zeit, als Ragas in Mode waren, und die offene Stimmung ermöglichte es, einen anhaltenden, dröhnenden

Klang zu erzeugen. Damit fing das Ganze an. Ich habe es dann allerdings eine Stufe weiter getragen, und so entstanden *The Loner* und *Cinnamon Girl*. Man setzt einen traditionellen Akkordgriff an, nimmt jeden Finger weg, bei dem es nicht funktioniert, und läßt die Saite frei schwingen. Ich habe diese Stimmung meine gesamte Karriere hindurch bis heute immer wieder benutzt.

1995

After The Goldrush (1970)

Bei aller Bescheidenheit: *After The Goldrush* – das für mich den Wendepunkt markiert – war ein sehr starkes Album. Wirklich. Es steckt viel harte Arbeit darin. Alles klappte. Das Bild, das ich malte, war gelungen. *After The Goldrush* verkörpert den Geist von Topanga Canyon. Ich konnte plötzlich feststellen, daß ich es zu etwas gebracht hatte. Ich stieg bei CSN&Y ein, arbeitete aber nach wie vor viel mit Crazy Horse. Ich spielte ständig. Und genoß es in vollen Zügen. Direkt nach dieser Platte zog ich aus. Das war ein guter Schlußakkord.

1975

Ich dachte damals, *Goldrush* sei der logische Folgeschritt nach *Everybody*. Kurz nachdem ich bei CSN&Y eingestiegen war, ging ich auf Tournee und spielte einige ziemlich abgefahrene Stücke, die schon erkennen ließen, daß unsere nächste Platte in diese Richtung gehen würde. Wir nahmen *Wondering*, *Dance, Dance, Dance*, *It Might Have Been*, *Winterlong* und noch einige andere Songs auf. Es ging alles ziemlich schnell, daher läßt sich schwer sagen, warum genau ich mich für *Goldrush* statt für dieses Projekt entschied.

1995

Tonight's The Night (1975)

Die neuen Stücke, die ich jetzt mit Crazy Horse spiele, gefallen mir sehr. Selbst jetzt, während ich rede, gehen sie mir durch den Kopf. Ich bin begeistert. Ich halte alles, was ich gemacht habe, für aussagekräftig, anderenfalls hätte ich es nicht veröffentlicht. Aber mir ist klar, daß die letzten Alben alle in eine bestimmte Richtung gingen. Ich weiß, daß es ziemlich viele negative Reaktionen darauf gab. Irgendwie habe ich das Gefühl, aus einem trüben Gewässer aufgetaucht zu sein. Den Beweis dafür werde ich mit meiner nächsten Platte abliefern. *Tonight's The Night* markiert, würde ich sagen, das Schlußkapitel einer Phase, die ich durchgemacht habe.

1975

Ich halte es für das flüssigste meiner Alben. Man braucht beinahe schon eine Schwimmweste, um da durchzukommen. Wir haben uns alle gehörig in die Nesseln gesetzt. Trotzdem bin ich der Meinung, daß das Publikum es hören sollte. Es sollte den Künstler unter allen Bedingungen gehört haben, um sich ein vollständiges Bild machen zu können. Jeder ist mal völlig am Boden. Jeder ist mal dran. Läßt man nicht zu, daß sich die eigene Musik so verflüssigt wie man selbst, wenn man total high ist, dann ist man ein Heuchler.

1975

Tonight's The Night ist wie ein Abschiedsbrief vor der Überdosis. Alles dreht sich um Leben, Stoff und Tod. Als wir die Stücke spielten, dachten wir alle an Danny Whitten und Bruce Berry, zwei enge Gefährten unserer Truppe, die sich beide die Überdosis gegeben hatten. Erst anläßlich der Sessions für *Tonight's The Night* haben sich die übriggebliebenen Mitglieder von Crazy Horse wieder versammelt. Wir mußten nun gemeinsam die Kraft aufbringen, die Lücke, die Danny hinterlassen hatte, zu schließen. Das andere Drogenopfer, Bruce Berry, hatte lange für CSN&Y als Roadie gearbeitet. Sein Bruder Ken leitet Studio Instrument Rentals, wo wir die Platte aufgenommen haben. Insofern hatten wir einiges an Unterstützung.

Die Musik hat sehr viel Seele. Ich *fühle* dieses Album wahrscheinlich stärker als alles andere, was ich je gemacht habe.

1975

Ich hatte nur neun Songs fertig, deshalb legte ich das Ganze auf Eis und machte statt dessen *On The Beach*. Es mußte schließlich jemand wie Elliot [Roberts, der Manager] her, um *Tonight's The Night* fertigzustellen. Einige Zeit zuvor hatte jemand die Geschichte von Bruce Berry mit allem, was dazugehört, zu einer Broadway-Show verarbeiten wollen. Es gab sogar schon ein Script. Wir stellten ein Band zusammen, und als wir uns dabei die ganzen alten Sachen anhörten, stieß Elliot auf drei noch ältere Songs, die zum Thema paßten – *Lookout Joe*, *Borrowed Tune* und *Come On Baby Let's Go Downtown*, eine Live-Aufnahme von meinem Auftritt mit Crazy Horse im Fillmore East. Danny singt darauf die Leadvocals. Elliot fügte diese Songs zu den ursprünglichen neun hinzu und ordnete sie so, daß sie eine zusammenhängende Geschichte erzählten. Ich hatte allerdings immer noch nicht konkret vor, sie zu veröffentlichen, denn ich hatte bereits ein weiteres neues Album namens *Homegrown* im Kasten.

Ich gab eine Party, um *Homegrown* vorzustellen. Wir hörten uns die Aufnahmen an, und zufällig befand sich *Tonight's The Night* auf demselben Band. Dadurch, daß beide Alben direkt hintereinander liefen, fielen mir die Schwächen von *Homegrown* auf. Wegen seiner allgemeinen Stärken in puncto Durchführung und Feeling entschied ich mich für *Tonight's The Night*. Das Thema mag ein wenig deprimierend sein, aber das Grundgefühl ist viel positiver als bei *Homegrown*. Ein solches Album herauszubringen kommt einem Experiment gleich. Ich rechne fest mit einigen der ablehnendsten Kritiken, die ich je bekommen habe.

1975

Ich halte es für eines meiner stärksten und zeitlosesten Alben. Es handelt von meiner intensiven Beschäftigung mit den Höhen und Tiefen der Drogenszene. Zufällig war es auch die kommerziell erfolgloseste meiner Platten.

1977

Zuma (1975)

Ich werde die Platte wohl *My Old Neighbourhood* nennen. Vielleicht aber auch *Ride My Llama*. Sie ist etwas eigenartig: Mehrere Songs handeln von Peru, den Azteken, den Inkas. Von Zeitreisen. Einer heißt *Marlon Brando, John Ehrlichman, Pocahontas And Me*. Ich spiele viel auf der E-Gitarre, und genau das gefällt mir am besten daran. Zwei Gitarren, Baß und Schlagzeug. Die Musik hebt wirklich ab. Einfach unglaublich. Ich habe mit Elliot gewettet, daß die Platte vor Ende September draußen sein wird. Danach werden wir höchstwahrscheinlich auf eine Herbsttournee durch kleinere Hallen gehen. Wieder einmal mit Crazy Horse unterwegs. Besser könnte es mir kaum gehen.

1975

Cortez The Killer

Es gab im Studio einen Stromausfall. Eine ganze Strophe ging verloren! Auf der Aufnahme kann man die Klebestelle hören, wo das Band abbricht und neu ansetzt. Die Abmischung ist ziemlich chaotisch.

Es war reiner Zufall. Aber genau so kommen mir meine besten Werke vor: als ein magischer Zufall nach dem anderen. Das finde ich so unglaublich. Bei den Texten versuche ich, nichts zu redigieren. Ich lasse einfach alles herausfließen. Ich bin der Überzeugung, daß man nur in dem Moment daran feilen sollte, in dem man sie niederschreibt. Ich verändere nur etwas an einem Song, nachdem ich ihn einmal live gespielt habe. Und ich nehme die Stücke gerne zügig auf. Man muß die Aufnahmen schnell hinter sich bringen, um sich Neuem widmen zu können.

1990

Eine Kombination aus Fantasie und Wissen. *Cortez* verkörpert für mich den Abenteurer mit zwei Seiten, einer wohlwollenden und einer ausgesprochen rücksichtslosen. Sehen Sie sich doch nur Columbus an! Heute wissen wir, daß er nicht gerade ein Held war. Er ist nicht einmal als erster dagewesen. So etwas läßt mich auch andere vermeintliche »Ikonen« in Frage stellen.

1995

Don't Cry No Tears gehört zu den ersten dreißig oder vierzig Songs, die ich geschrieben habe. Es gibt noch eine ganze Menge dieser alten Stücke, von denen leider meistens nur Fragmente vorliegen. Von fünfen gibt es sogar richtige Aufnahmen... Ich hänge übrigens sehr an diesen Bändern. Ich schäme mich nicht dafür, denn ich war damals noch so jung. Einige höre ich mir immer wieder an, andere waren eindeutige Flops. Ich finde es sehr interessant, die »schlechten« mit den guten zu vergleichen.

1995

American Stars'n'Bars (1977)

Ursprünglich sollte die Platte zwei inhaltlich verschiedene Seiten haben: eine über die Geschichte Amerikas, die andere als Kommentar zur amerikanischen Gesellschaft, die Welt der Kneipen, in der ich mich damals bewegte, bis ich völlig besoffen am Boden lag. An den Teil mit der amerikanischen Geschichte konnte ich mich nicht mehr erinnern, darum haben wir ihn weggelassen.

1979

Rust Never Sleeps (1979)

Ich nehme die Sache nicht mehr so ernst. Die Bands von damals hatten einfach weniger Humor. Das Publikum von heute will sich amüsieren, seinen Spaß haben. Deswegen hat die Punkwelle so etwas Positives und Gesundes. Die alten Rock'-n'Roll-Bands nehmen sich einfach zu ernst. Als ob sie sich dessen bewußt wären, daß sie nur Menschen sind, daß sie bald sterben werden und daß sie alle am Verfallen sind...

Das Publikum will »echte« Stars, keine normalen Menschen. Stars müssen mehr darstellen, müssen überlebensgroß sein. Es ist besser, auszubrennen, als allmählich zu verblassen oder zu verrosten, denn dann leuchtet man heller am Firmament.

Ich identifiziere mich mit *Rust Never Sleeps*. Es gibt darauf Bezüge zu meiner Karriere. Je länger ich weitermache, desto mehr muß ich gegen den Rost ankämpfen. Inzwischen ist es für mich wie die *World Series*. Die Konkurrenz schläft nicht – egal, ob ich vor mich hin roste, mich irgendwann nicht mehr bewegen kann und mich nur noch wiederhole oder ob ich mich entwickeln und die Korrosion ein wenig eindämmen kann.

1980

Die meisten Songs dieser Platte waren längst geschrieben, bevor irgendwer jemals von den Sex Pistols gehört hätte. In *The Thrasher* schreibe ich mir mehr oder weniger meine Erfahrungen mit Crosby, Stills & Nash Mitte der siebziger Jahre von der Seele. Wußten Sie eigentlich, daß *Powderfinger* beinahe von Lynyrd Skynyrd aufgenommen worden wäre, bevor meine eigene Version herauskam? Wir hatten ihnen eines der ersten Demotapes geschickt, weil sie eines meiner Stücke spielen wollten.

1995

Live Rust (1979)

Das erste Album [*Rust Never Sleeps*] bestand ausschließlich aus neuen Stükken, weil ich denjenigen entgegenkommen wollte, die keine Lust hatten, den Soundtrack zu kaufen, auf dem sich ungefähr zehn alte Songs befanden. Ich möchte dem Publikum nicht immer wieder sagen müssen, daß es die alten Lieder mitkaufen muß, wenn es die neuen haben will. Wer die alten Songs nicht nochmal hören will, braucht *Live Rust* nicht zu kaufen, um die neuen kennenzulernen. Deswegen habe ich es so gemacht.

Re-Ac-Tor (1981)

Wir haben weniger Zeit auf die Aufnahmen für *Re-Ac-Tor* verwendet, als wir hätten sollen. Die Lebenserwartung sowohl dieser als auch der folgenden Platte – *Trans* – wurde von dem Zeitplan aufgezehrt, den wir uns gesetzt hatten. Wir nahmen mit meinem Sohn Ben an einem 18monatigen Programm teil, das täglich 15 bis 18 Stunden beanspruchte. Es war so umfangreich, daß es sich unmittelbar auf die Musik von *Re-Ac-Tor* und *Trans* auswirkte.

1995

Arc (1991)

Zuhause arbeitet meine Frau Pegi für eine Wohltätigkeits-Kunstmesse. Mit einigen Freundinnen richtet sie auf der Messe ein Pfannkuchenfrühstück aus. Für gewöhnlich legen sie um sechs Uhr morgens Musik von den Stones auf, während die Messeleute essen und ihre Stände aufbauen. Ihr Stand ist der lauteste weit und breit. Im Prinzip sind sie ein Rudel Mädels, die schon am frühen Morgen etwas getrunken haben. Sie drehen die Stones auf, servieren Pfannkuchen, schreien herum und läuten mit dem Glöckchen.

Ich habe also Pegi ein Exemplar von *Arc* in die Hand gedrückt und sie gebeten, die Platte gleich dort aufzulegen.

Ich dachte, ich würde schon erfahren, wie lange es sich die Leute gefallen ließen. Eineinhalb Minuten hat es gedauert. Das war alles. Sie fanden es unerträglich.

1991

Dem Ganzen unterliegt ein Ordnungsprinzip. Ich habe mir 57 Stücke vorgenommen, die wir als »Funken« bezeichneten. Wir haben sie selektiert, durchnumeriert und aus dem Kontext der Konzerte, aus denen sie stammten, gelöst. Aus den 57 Stükken habe ich 37 ausgewählt. Ich hatte alle in einer Datei gespeichert und die Tonarten und Texte alle notiert, ebenso den jeweiligen Veranstaltungsort, so daß ich wußte, in welcher Halle jedes Stück aufgenommen worden war, damit ich mich daran orientieren konnte und sich der Sound nicht so radikal änderte.

1991

Erfrischend. Reinigt den Gaumen. Weil es keinen Beat gibt. Beleidigt deine Ohren nicht – egal, auf welchen Groove du stehst. Es gibt nämlich keinen. Drauf geschissen!

1991

Weld (1991)

Soweit ich absehen kann, gibt es auf *Weld* kein Stück, das kurz genug wäre, um im Radio gespielt zu werden. Selbst die bekannteren Songs sind am Ende so lang, daß man sie nicht senden kann. Einen Titel wie *Cinnamon Girl* haben wir ruiniert, nur um damit eventuell ins Radio zu kommen. Für uns war die Platte in Ordnung. Wir haben gemacht, was wir wollten.

1991

Ich bin auf dieser Tournee beinahe ausgerastet. Wenn wir diese Stücke spielten, wurde es sehr intensiv. Authentisch. Vor meinem inneren Auge sah ich Menschen sterben, Bomben fallen, Gebäude über Familien zusammenstürzen. Wir ließen die ganze Zeit über CNN laufen, sahen die ganze Scheiße passieren und mußten anschließend auf die Bühne, sangen von Konflikten. Das war ziemlich hart. Mehr konnte ich, glaube ich, nicht tun. Als der Krieg ausbrach, änderten wir unser Programm. Einige Songs von *Ragged Glory* wurden durch ältere ersetzt, von denen ich wußte, daß sich das Publikum mit ihnen identifizierte. Ich wußte, daß die Leute sich zusammengehörig fühlen würden. Was immer die Leute zusammenschweißen konnte, war wichtiger, als ein neues Stück zu spielen. Wir konnten uns nicht einfach auf die Bühne stellen und Entertainment liefern. Das wäre geschmacklos gewesen.

1991

Blowin' In The Wind stellt dieselben Fragen, die damals alle stellten: Wie lange wird es dauern, bis die Menschen frei sind? Was ist zu tun? Was ist mit den Palästinensern? Auch sie sind darin verwickelt. Sind nicht frei. Die Geschichte dieses Teils der Welt ist so kompliziert, daß ich sie kaum verstehe. Alles, was wir hier haben, ist eine öffentliche Meinung, die auf den letzten im Fernsehen gezeigten Handlungen israelischer Soldaten basiert. Das ist ein bißchen wenig.

Ich hatte keine andere Wahl. Es war der passende Song. Ich mußte ihn spielen. Die Idee kam mir erst, als wir auf der Bühne probten und uns auf die Show und den bevorstehenden Krieg vorbereiteten. Als es dann soweit war, wachte ich eines Morgens auf und dachte, wir müßten unbedingt *Blowin' In The Wind* spielen. Das würde die Aufmerksamkeit des Publikums wecken. Es sollte wissen, worum es auf dem Konzert ging.

1991

Sleeps With Angels (1994)

Auf *Sleeps With Angels* gibt es eine Menge Untertöne aus den Situationen, die dort beschrieben werden. Viele traurige Momente. Ich habe nie richtig darüber gesprochen,

warum ich diese Platte gemacht habe. Ich will auch jetzt nicht davon anfangen.
1995

Stills-Young-Band

Telegramm an Stills von Young zum Abbruch der Tournee der Stills-Young-Band:

Lieber Stephen: Schon komisch, wie etwas Spontanes enden kann. Was soll's. Neil.
1976

Ich habe es sehr genossen, aber in den Kritiken wurden wir gegeneinander ausgespielt. Stephen las sie, ich versuchte, es nicht zu tun. Aber schon in Schlagzeilen waren Dinge zu lesen wie »Young's hot, Stills not.« Stephen hatte irgendwann das Gefühl, andere Tourneeteilnehmer hätten etwas gegen ihn und versuchten, ihn schlecht aussehen zu lassen.
1976

Die Bluenotes

Crazy-Horse-Tournee 1987: Die Geburt der Bluenotes

Ich habe jede Nacht hingehört, ohne daß der Akustikteil mich sehr beeindruckt hätte; den Programmteil von Crazy Horse habe ich nicht besonders beachtet, denn damit war ohnehin alles klar. Aber die kleine Blues-Session mit Crazy Horse und unserem Roadie am Baritonsaxophon habe ich immer gerne gehört. Ich habe mir jedes Stück von Anfang bis Ende angehört, jede Note. Es klang nach Salonmusik, war sehr cool. Es gefiel mit außerordentlich – dem Publikum offenbar auch, denn es drehte völlig durch. Niemand schrie nach S*outhern Man*, wie während des Akustikteils und überhaupt während meiner gesamten Karriere. Ich fragte mich, was zum Teufel eigentlich los war. Es war wirklich abgefahren. Ich mußte irgend etwas mit dieser Blues-Geschichte machen… Es war zwar kein echter Blues, aber es war *blue*, swingte. Ich mußte es einfach tun.

Ich beschloß, einen Film über eine Bluesband zu drehen. Ich wollte die Erfolgsstory dieser Typen erzählen, die nicht mehr ganz jung sind, sondern ganz gewöhnliche Familienväter, die alle ihrer Arbeit nachgehen und in ihrer Freizeit zusammen diese bluesige Salonmusik machen, und plötzlich werden sie richtig gut. Diese Band, die Bluenotes, sind weder schick noch angesagt, noch hip, noch gehören sie zu einer bestimmten Szene. Genau so stellte ich mir den Film vor. Aber dann dachte ich, um das Ganze zu verwirklichen, würde ich eine echte Band brauchen – mir die entsprechenden Typen und Blasinstrumente zusammensuchen, das Ganze zum Swingen bringen und auf Tournee gehen. So entstanden aus einem Filmentwurf in meinem Kopf die Bluenotes. Wir tingeln durch die Clubs; der Film kommt später...

1988

Wir haben mit der Idee gespielt, ein paar alte Songs von Buffalo Springfield ins Repertoire zu nehmen, z.B. *On The Way Home* oder *Mr Soul*, um dem Publikum einen Anhaltspunkt dafür zu geben, wie lange diese Musik schon zu meinem Leben gehört, und die Bluenotes gewissermaßen damit zu verknüpfen. Aber ich weiß noch nicht, ob ich das wirklich mache. Vielleicht, wenn ich auf Tour gehe und in größeren Hallen spiele.

1988

Blues ist für mich ein Spielfeld, auf dem ich mich sehr gerne bewege. Als Stilrichtung bietet er viele Möglichkeiten, Gefühle auszudrükken, und mit so etwas bin ich immer sehr glücklich.

1988

Die LP:

This Note's For You (1988)

Es ist wohl kein richtiger Blues. Es ist bluesig, vom Blues beeinflußt. Ich behaupte nicht, mich plötzlich in einen Bluesmusiker verwandelt zu haben – das ist alles. Ich scheue davor zurück, mich selbst so zu bezeichnen. Ich spiele diese Art von Musik, weil sie mir gefällt. Sie hat etwas von Rhythm & Blues, obwohl Songs wie *Hey Hey* etwas durchaus Eigenes sind.

1988

Auf diesem Album passieren Dinge, die es auf anderen Platten nicht gegeben hat. Drei der Stücke klingen nach nächtlichen Balladen über gescheiterte Liebesaffären – wie in einem Club, nachdem alle gegangen sind. Momentan bereiten wir die Videos für unser Album vor. Das Setting ist ein verlassener Club, in dem sich nur eine oder zwei Personen aufhalten.

1988

Die Platte könnte ein Hit werden. Wir hoffen jedenfalls, daß sie ankommt. Die Band besteht immerhin aus zehn Mann. Das ist nicht wie bei einer Dreierformation wie Crazy Horse. Es ist dreimal so teuer, diese Gruppe zusammenzuhalten.

1988

Einflüsse

Joni [Mitchell] kenne ich seit meinem neunzehnten Lebensjahr. Ich habe sie in einem Café kennengelernt. Sie war schön – das war mein erster Eindruck. Sie wirkte sehr zerbrechlich und zart. Und sie hatte diese wunderschönen Wangenknochen. Ich weiß noch, daß ich dachte, wenn man fest genug pustet, kann man sie wahrscheinlich umwerfen. Dabei hätte sie spielend einen Aston Martin stoppen können. Sie hat ein unglaubliches Talent. Über Beziehungen schreibt sie viel lebendiger als ich. Ich gebrauche eher… nun, ich glaube, ich verschleiere mehr, worüber ich spreche.

1975

Auf Dylan stieß ich, als ich in der neunten Klasse Folk spielte.

1987

Randy Bachmann [Guess Who, BTO] übte in dieser Stadt mit Abstand den größten Einfluß aus. Er war der Beste. Seinerzeit war er allen anderen in der Stadt um Jahre voraus. Er spielte eine orangene Gretsch wie die, die ich jetzt habe, und ich habe mir auch so eine besorgt.

1987

Green On Red? Die haben eines meiner Stücke gespielt? Und wer hat nochmal *Like A Hurricane* aufgenommen? The Mission? Sind die eine wichtige Band? Wenn es heißt, eine Gruppe sei wichtig, weiß ich nie so recht, was ich davon halten soll. Musical Youth waren auch wichtig – hahaha. Sie hatten Gewicht. Wogen alle über hundert Kilo – hahaha. Wenn sich jemand so anhört wie ich, weiß ich nicht, was ich sagen soll, weil ich nie so genau hinhöre.

1988

Vor Jahren – 1962 vielleicht – habe ich Roy Orbison in Winnipeg gesehen; er ist mehrmals dort aufgetreten. Einmal habe ich draußen mit ihm gesprochen. Er kam gerade mit seiner Begleitband The Candymen aus seinem Wohnmobil. Dieses Erlebnis hat mich für mein Leben geprägt. Ich habe Roy immer verehrt. Ich sah zu ihm auf, bewunderte die Art, wie er mit sich selbst umging. Seine Unnahbarkeit hat mich stark beeindruckt. Es war seine Haltung, diese gütige Würde… Seine Musik war ihm stets wichtiger als die Medien. Moden interessierten ihn nicht. Es ging ihm nie darum, zur rechten Zeit am richtigen Ort das Richtige zu tun. Roy war so etwas egal, genauso wie mir.

Wie dem auch sei, in alle meine Platten habe ich etwas von Roy Orbison hineingelegt. Sein Einfluß ist in so vielen meiner Songs hörbar… Auf die Hülle von *Tonight's The Night* ließ ich sogar sein Foto drucken, ohne daß es dafür einen bestimmten Grund gegeben hätte, außer seine Präsenz anzuerkennen. Auf *Eldorado* gibt es einen Titel, der Roy Orbison gewidmet ist. Er heißt *Don't Cry*. So klingt es, wenn ich unter dem Bann von Roy Orbison stehe. Als ich den Song komponierte und aufnahm, dachte ich: »Roy Orbison meets Trash Metal« [lacht]… Doch, wirklich.

1990

Tribut an Neil Young: die LP »The Bridge«

Inzwischen gefällt mir die Platte sehr gut. Anfangs hatte ich das Gefühl, alle diese Bands sagten zu mir: »OK, Onkel Neil, Zeit für den Ruhestand.« Ich mag die Typen auf diesem Album – die Pixies, Sonic Youth und besonders diesen Nick Cave. Als ich es mir anhörte, war ich sehr gerührt.

1990

Ich liebe die Rolling Stones. Haben die nicht im Paradiso [Amsterdam] gespielt und die Show in den Park übertragen? Eine gute Idee. So etwas sollte man auch in London machen, vor dem Wembley-Stadion oder wo auch immer. Nachdem sie eine solche Mammuttournee veranstaltet haben, sollten sie jetzt auf kleinen Bühnen auftreten, damit alle, die unbedingt einmal die Stones sehen wollen, die Möglichkeit dazu haben. Sie sollten es auch im eigenen Interesse tun, um sich daran zu erinnern, wie es ist, wirklich zu spielen. Diese Großkotzerei haben sie doch gar nicht mehr nötig.

1995

Ich habe Pearl Jam vor zwei oder drei Jahren auf einer Tournee kennengelernt. Sie waren nicht nur gut, sondern ich konnte mir auch ohne weiteres vorstellen, was ich täte, wenn ich mit ihnen spielen würde. Und es fand wirklich statt. Musikalisch hat es funktioniert. Es war kraftvoll. Wie eine große Maschine. Das gefällt mir.

1995

Von früher erinnere ich mich an Typen wie Frankie Laine. Zur Zeit von Elvis erschien *Rawhide* und der ganze Cowboykram. Ich mochte das sehr, nahm auf *Old Ways* sogar einen seiner Songs auf – *The Wayward Wind*. Das war in Kanada einer seiner größten Hits. Auf meinem täglichen Schulweg bin ich immer an einem Bahngleis entlanggelaufen. Es gab dort sogar eine Unterkunft für Wanderarbeiter. Das Lied und dieses Bild habe ich immer noch deutlich in Erinnerung. Wenn ich es höre, muß ich daran denken, wie ich mit fünf oder sechs Jahren jeden

Tag auf meinem Schulweg mit meinem kleinen Transistorradio am Ohr an diesem alten Schuppen vorbeilief und die Gleise in der Sonne glänzten.

Ein anderes Stück aus dieser Zeit, das mir sehr gefiel und das ich irgendwann ebenfalls mit Crazy Horse und Jack Nitzsche am Klavier aufgenommen habe, war ein Country-Walzer namens *It Might Have Been*, gespielt von Jo London. In Kanada war es ein großer Erfolg, obwohl es in den Staaten niemand kannte. Eine fantastische Aufnahme. Eine ausgesprochen gefühlvolle Interpretation. Leider habe ich in meiner Version fast den gesamten Text verbockt.

1995

Auf Dylan stehe ich seit 1963, als ich seine allererste Platte hörte. Sie hat mich tief beeindruckt. Später fand ich die Byrds erstklassig. Was sie machten, war wirklich cool. Sie haben mir sehr imponiert.

1995

Man fing an, mich »Don Grungeone« zu nennen. Irgendwie schlitterte ich in eine Vaterrolle hinein. Fragen Sie mich nicht, warum. Ich bin hier, wo ich immer gewesen bin, und mache, was mir gefällt.

1995

Miles [Davis] und [John] Coltrane gehören zu meinen Favoriten. Meine Gitarrenimpros bei Crazy Horse sind sehr stark von Coltrane beeinflußt. Besonders begeistern mich Stücke wie *Equinox* und *My Favourite Things*. Miles verehre ich wegen seiner allgemeinen Haltung zum Kreativitätsprozeß, die von ständigem Wandel geprägt ist. Es gibt keinen Grund, zu verharren, wenn man etwas geschaffen hat. Sonst kann es passieren, daß man den Rest des Lebens bei etwas bleibt und es zum Routinejob wird.

1995

Kurt Cobain hat mich wirklich sehr inspiriert. Er war fantastisch, wunderbar. Einer

der Besten – und noch mehr
als das. Für mich gehörte
Kurt zu den Allerbesten aller
Zeiten.

1995

HARLEY-DAVI
MOTORCY

Songwriting

Am Anfang habe ich Instrumentalstücke geschrieben. Texte kamen erst viel später dazu. Mein damaliges Vorbild war Hank B. Marvin, der Gitarrist von Cliff Richard bei den Shadows. Er war damals das Idol sämtlicher Gitarristen in und um Winnipeg. Und natürlich Randy Bachman. Er war in derselben Szene aktiv. Sein Sound war fantastisch. Er verwendete ein Echoband.

1975

Ich versuche, über die Songs, die ich schreibe, nicht nachzudenken, sondern sie einfach zu schreiben. Und ich bemühe mich, sie nicht weiter zu bearbeiten… Für mich gibt es eine Quelle, aus der die Musik und die Texte durch dich hinausfließen, und Feinarbeit ist doch eigentlich für Dinge, über die man bewußt nachgedacht hat. Wenn man etwas analysiert und festzuhalten versucht, dann kann man daran feilen. Denkt man nicht darüber nach, öffnet man sich einfach und läßt es durch sich hindurchfließen. Und wenn man weiter daran arbeitet, nimmt man sich ein bißchen viel heraus.

Ich bin mir nicht sicher, ob alles, was ich schreibe, tatsächlich von mir kommt. Das ist der Unterschied. Einiges von dem, was ich komponiere, ist wohl schon von mir, aber anderes fließt, glaube ich, einfach durch mich hindurch. Mein Geist arbeitet sozusagen hinter den Kulissen und bringt diese Dinge zustande, ohne daß ich bewußt darüber nachdächte, und wenn die Zeit reif ist, fließt alles heraus. Das ist eher ein Schöpfungsakt im eigentlichen Sinn als eine Entwicklung. Ich bemühe mich, mir keine Gedanken darüber zu machen, was andere davon halten könnten, bis alles aufgenommen ist und nichts mehr verändert werden kann. Danach fange ich an, mir Gedanken zu machen. Aber dann ist es eben zu spät...

Manchmal fange ich gleich morgens mit dem Schreiben an. Aber es gibt da keine feste Regel. Häufig komponiere ich beim Fahren oder wenn ich bei anderen im Wagen sitze, ohne Instrument, und schreibe einen kompletten Song, erinnere mich an alles, kenne die Musik genau, bevor ich überhaupt ein Instrument zur Hand nehme. Es passiert alles wie von selbst.

1985

Der Zeitraum zwischen *Everybody's Rockin'* und *Old Ways* war länger, als Buffalo Springfield bzw. CSN&Y zusammengewesen sind. Ich schrieb damals immer noch jede Menge, komponierte Material für zweieinhalb Alben, d.h. ich habe einiges schon im Kasten und noch einige Songs, die bisher nicht eingespielt sind.

1985

Für mich entspringt mein Schaffen nicht einem logischen Denkmuster, sondern einer unterbewußten Hirnregion. Es ist unbekannten Ursprungs. Wenn ich wirklich komponiere, wirklich spiele, denke ich überhaupt nicht.

1987

Meine besten Songs habe ich überwiegend auf langen Autofahrten hinterm Steuer geschrieben: Ich kritzelte die Texte auf Zigarettenschachteln.

1990

Es ist ziemlich einfach [ein produktiver Songwriter zu sein] – solange ich es nicht darauf anlege.

1995

Gitarren und Gitarristen

Meine erste Gitarre war eine akustische Harmony Monterey mit einem Pickup.

1987

Ich liebe Hendrix und seinen Gitarrenstil. Niemand spielt wie er, und das wird immer so bleiben.

1988

Ich bin von Natur aus ziemlich destruktiv. Wenn ich Gitarre spiele, kann man hören, wie destruktiv ich tatsächlich in allem bin. Wenn man sich das Gitarrespielen als eine Art Kampfsport vorstellt… dann wäre ich wohl kein Gitarrist, gegen den man antreten wollte.

1990

Ich halte Urspünge für sehr wichtig. Ich kenne die Wurzeln von Jimi [Hendrix] nicht, aber er hat einen fantastischen Sound entwickelt. Sobald er sein Instrument berührte, versetzte er seine Zuhörer in Erstaunen. Er muß eine erstaunliche akustische Intuition gehabt haben. Deshalb setzt er seinen Daumen in dieser typischen Weise auf, deshalb benutzt er Fingerpicks oder eben überhaupt keine – weil er es innerlich so gehört hat. Auch diesen satten, verzerrten Sound. Er hörte diese Dinge, weil er zuvor anderen Gitarristen zugehört hatte. Wahrscheinlich hat er seinen Sound im Kopf entwickelt, nachdem er B. B. King, Robert Johnson und diesen ganzen Leadbelly-Kram gehört hatte.

Als Jimis erste Platten bei uns herauskamen, hörten Jack Nitzsche und ich sie uns immer wieder an. »Wow! Was zum Teufel ist das? Das ist ja fantastisch!« Jimi ist mein Lieblingsgitarrist. Er und J. J. Cale. Jimi und J. J. haben dieses Feeling. Sie gehen sehr selbstverständlich mit der Gitarre um, und es stellt sich etwas Entrücktes ein, das erhaben und gut klingt, kontrolliert und natürlich.

1995

Ich hörte Hank Marvin. Damals, in der Anfangszeit der Shadows, hatte er einen wahnsinnigen Gitarrensound. Wen noch? Erinnern Sie sich noch an die Zeit, als Steppenwolf gerade bekannt wurden und einen Gitarristen namens Dennis Edmonton hatten? Er war wirklich heftig. Spielte eine Telecaster, verzerrt, aufreizend. Und dann Link Wray. Und Wes Montgomery…

1995

Meine erste [Gitarre] war eine kleine Arthur-Godfrey-Ukulele aus Plastik, dann hatte ich, glaube ich, eine Baritonukulele, danach ein Banjo. Somit besaß ich mehrere unterschiedlich klingende Instrumente, die ich auf dieselbe Weise spielte. Zunächst spielte ich elektrische Sologitarre. Dann trat ich mit einer Teenagerband aus der Gemeinde auf. Anfangs nannten wir uns The Esquires. Später benannten wir uns in The Stardusters um. Danach einigten wir uns auf The Squires. Klingt wie in den Anfangstagen von Spinal Tap!

1995

Stephen Stills war ein erstklassiger Sänger. Außerdem hatte er das Zeug zum E-Gitarristen. Irgendwie gelang es uns, gleichzeitig Lead-Partien zu spielen, ohne einander in die Quere zu kommen. So etwas ist sehr selten! Es hat nicht das geringste mit dem zu tun, was er oder ich solo tun.

1995

Die Musikindustrie

Ich finde, in mancher Hinsicht – nur in mancher, aber das unbestreitbar – hat der Rock'n'Roll mich im Stich gelassen. Er läßt einem praktisch keine Möglichkeit, in Ehren alt zu werden und weiterzuarbeiten.

Für Rockmusiker ist es besser, auszubrennen, wie das Publikum es erwartet. Es will dich auf der Kippe sehen, wo du leuchtest, direkt am Abgrund, wo die jungen Leute nun einmal stehen. Sie sind auf der Suche nach sich selbst, und der Rock'n'Roll ist die Musik der Jugend. Ich halte das für eine Tatsache. Ich liebe den Rock'n'Roll noch immer und spiele gerne die Titel aus meinem Repertoire, die man als Rocksongs bezeichnen könnte; aber meine Zukunft sehe ich darin nicht.

1985

Meiner Meinung nach gibt es auf der Welt wesentlich wichtigeres als durchgestylte Fernsehsender [MTV]... Mit 24 war ich sanftmütiger als heute. Die Welt von heute nervt mich hin und wieder. Bestimmte Dinge regen mich auf. Daß sich plötzlich überall Firmen als Sponsoren betätigen, hat mich überrascht und gestört. Mir ist nicht klar, was so etwas in der Musik zu suchen hat. In der Musik sollte es eine Verbindung zwischen Künstler und Publikum geben, aber dazu braucht man keinerlei Vermittler; man braucht keine Sponsoren. Ich unterzeichne keinen Vertrag mit einer Brauerei, weil so etwas irreführend und hinterhältig ist – aber leider auch sehr wirkungsvoll. Ich versuche nur, darauf aufmerksam zu machen.

Die Brauereien und Pepsi Cola geben zig Millionen Dollar für Sponsoring aus, und deswegen sehe ich mich genötigt, ein bißchen in die Offensive zu gehen. Es stört mich. Ich möchte einmal sehen, daß sie ein Michelob- oder Budweiser-Zentrum für die Obdachlosen in New York bauen. Ein solches Gebäude mit allem Drum und Dran für die Betreuung von Obdachlosen würde einen Bruchteil dessen kosten, was sie für Werbung und Sponsoring ausgeben. Ich weiß ja nicht...

1988

Es gibt eine Grenze, eine der ersten gottverdammten Grenzen, die je gezogen worden sind, an der ein Popstar die Karten auf den Tisch legen muß, zeigen muß, worauf es ihm wirklich ankommt. Wenn man für ein Produkt auftritt, tritt man für Geld auf. Schluß. Das ist alles. Dann geht es wirklich nur ums Geld, und genau auf diese Weise kommt man dazu.

1988

Reprise unterstützen mich wirklich vorbildlich. Sie waren bereit, mich zu meinen eigenen Bedingungen zu nehmen, ohne mir vorschreiben zu wollen, was für Musik ich zu spielen hätte. Ich habe die Freiheit, zu tun, was mir paßt.

1988

Der Kontext [der Rockmusik] hat sich durch MTV und die Videoclips verändert. Daran liegt es doch. Dadurch, daß MTV versucht, die Musik in Bilder umzusetzen, nimmt es ihr zwangsläufig einen Großteil ihrer ursprünglichen Rätselhaftigkeit und Tiefe. Vor der Ära der Rockvideos mußte sich das Publikum in der Auseinandersetzung mit der Musik auf seine natürliche Vorstellungskraft verlassen – zumindest, sofern es sich nicht durch Drogen oder Ähnliches in einen Zustand gesteigerter Wahrnehmung versetzte.

Der Rock'n'Roll wird heute in Amerika, wie immer man dazu stehen mag, von Guns'n'Roses verkörpert. Manche bezeichnen sie als bösartig, aber eigentlich sind sie nur Halbstarke. Jedenfalls waren sie das am Anfang. Man darf nie vergessen, daß die Kids Guns'n'Roses zu dem gemacht haben, was sie sind, nicht etwa umgekehrt.

1990

Beim analogen Aufnahmeverfahren wurde ein Moment aufgenommen. Als man dazu überging zu digitalisieren, konzentrierte man sich auf die Beseitigung sämtlicher Mängel und vergaß dabei, den Sound zu erhalten. Zwar läßt sich alles beliebig oft wiederholen, ohne daß es zu Qualitätsverlusten kommt. Der springende Punkt ist allerdings, daß es von vornherein an Qualität mangelte.

1994

Es ist keine Macho-Show wie bei einigen Bands, die auf der Bühne herumstolzieren, hin- und herrennen, schwitzen, sich in Pose schmeißen und ständig trainieren müssen, nur um für all das in Form zu bleiben. Zugegeben, diese Typen sind schon schwer in Form!

Wenn *wir* dagegen schwitzen, dann deshalb, weil wir dermaßen bei der Sache sind, daß wir vergessen, wie man *nicht* schwitzt. Damit meine ich vor allem die Atmung und das ganze Drumherum. Ich beginne zu hyperventilieren, meine Nase wird ganz kalt, und ich spüre einen kühlen Hauch auf meinem Gesicht, obwohl auf der Bühne ungefähr 45°C herrschen. Man gelangt einfach an einen Punkt, wo man nichts mehr wahrnimmt, alles plötzlich weg ist, man abhebt und alle völlig in die Sache vertieft sind. Und *dann* geht die Menge wirklich mit.

In den Sechzigern ist so etwas häufig passiert. Darum ging es in der Musik ja auch. Die Bands haben bei jeder Gelegenheit improvisiert, und das Publikum tobte. Es hat nicht etwa nach den Hits geschrien, sondern wurde zu einer einzigen, in der Musik aufgehenden Masse. Eine wahrhaft idealistische musikalische Erfahrung.

Und heute passiert es, glaube ich, wieder mehr als in den 25 Jahren davor, weil es diese Bewegung gibt, Nirvana, Sonic Youth und vergleichbare Bands, die sich stark vom Mainstream distanzieren und an den ursprünglichen Werten der Popmusik festhalten. Das war eine regelrechte Attacke auf die etablierte Szene – diese pessimistische Musik, die ihr entgegenhielt: »Ihr habt so etwas hervorgebracht, nun hört es euch gefälligst an!« Und die Leute hören es.

Ich finde den Ansatz dieser Gruppen sehr plausibel. Das Publikum kommt heute zum Konzert, hört zu, die Bands spielen, und es entsteht ein Ganzes, eine Verbindung, die dem Geist der Sechziger entspricht... Aber vielleicht habe ich auch einfach nur keine Ahnung, was wirklich läuft, und alles ist seit Jahren in Ordnung, weil alle es so gemacht haben!

Die Sex Pistols waren ja auch plötzlich aufgetaucht, und alle fuhren darauf ab, bloß ich habe nichts gemerkt und mußte erst aus einem großen Traum erwachen.

1995

Ich empfinde es als großes Glück, wenn ich feststelle, daß sich das Publikum mit denen, die für es singen, identifiziert und sich beide einig sind: über die Kommerzialisierung ihrer Welt, darüber, daß alles vermarktet wird, bevor es überhaupt fertig ist, und alles irgendwie außer Kontrolle geraten ist und daß sich die eigenen Träume wohl nicht verwirklichen lassen werden – im Gegensatz zu den Sechzigern, wo das letztlich doch möglich war. Aber die Jugend von heute weiß, was Sache ist. Man kann brav die Schule abschließen und trotzdem keinen Job kriegen. Man kann immer schön bei allem mitspielen, aber vieles, worauf wir uns verlassen haben, ist nicht mehr da.

1995

Der Ärger mit dem Ruhm im Rockbusiness fängt damit an, daß heute alles viel zu schnell viel zu große Dimensionen annimmt. In den Fünfzigern und Sechzigern war der Rock'n'Roll zwar auch schon eine große Sache, aber nur unter denen, die sich dafür interessierten. Heutzutage ist er selbst für diejenigen zu einem großen Geschäft geworden, die sich nicht dafür interessieren. Deswegen verstehen sie auch nichts davon. Sie fällen ihr unqualifiziertes Urteil über Künstler, ohne zunächst einmal zu verstehen, warum oder wofür der Betreffende überhaupt berühmt ist.

In den Sechzigern gab es zwischen Künstlern und Publikum eine Verbindung. Heute läßt sich das kaum noch feststellen, weil sich vieles nur noch darum dreht, ein Image zu projizieren. Aber die pessimistischen Bands von heute verfügen über eine Vision und eine Einstellung, die ihre Generation zusammenhält – so wie die Gruppen aus der *Love & Peace*-Ära dazu beitrugen, die Jugend der Sechziger zu einen.

1995

Drogen

Frischer Fruchtsaft ist wunderbar, besser als jede Droge. Er bewirkt einen natürlichen Zuckerrausch.

1985

Wie hätte ich das alles auf die Reihe bekommen, wenn ich drogenabhängig wäre? Es wäre gar nicht möglich gewesen. Was ich alles gemacht habe, schafft man nicht, wenn man Drogen nimmt. Natürlich habe ich ein paar Sachen probiert. In den Sechzigern habe ich viel Gras geraucht, bis in die Siebziger hinein, als ich auch mit anderen Drogen experimentierte. Aber abhängig war ich nie. Über die härteren Sachen habe ich nie die Kontrolle verloren. Ich habe herumprobiert, bin aber, glaube ich, ein Typ, der alles überlebt. Ich war nie Alkoholiker und habe nie Heroin genommen. In meinem unmittelbaren Umfeld war Heroin kein Thema, weil alle wußten, was ich davon hielt. Ich wollte nichts, woran Menschen starben. Alles, was man unbedingt haben muß, obwohl es mächtiger ist als man selbst, lehne ich ab.

1988

Bei *The Last Waltz* war ich völlig zugedröhnt. Ich war auf dem Weg nach draußen, stolperte auf die Bühne, und jemand sagte: »Hier, nimm was hiervon.« Ich hatte zwei Tage lang nicht geschlafen, also nahm ich es, und weg war ich. Ich bin absolut nicht stolz darauf. Ich finde nicht, daß das Publikum so etwas sehen und denken sollte, es sei cool.

Als wir den Film schnitten, wurde ich gefragt, ob diese Szene heraus sollte. Robbie Robertson meinte: »Dein Zustand ist irgendwie symptomatisch für das Thema des Films. Wenn du so weitermachst, bist du bald tot, also lassen wir es.« Sie haben mich einfach zum falschen Zeitpunkt erwischt. Ich war seit 45 Tagen unterwegs, hatte am Abend zuvor zwei Konzerte in Atlanta gegeben, habe mich vollgedröhnt und dadurch alles vermasselt. Immerhin stand ich noch. Aber so etwas tue ich nicht mehr. Ich bin einer der Glücklichen, die sich etwas Derartiges leisten, aber auch damit aufhören konnten. Einfach war es allerdings nicht, sich diese Lebensart wieder abzugewöhnen. Es hat eine Weile gedauert. Das Ungeheuer ist ab und zu zurückgekommen. Ich konnte drei, vier Wochen oder ein paar Monate damit aufhören, fing dann wieder für ein, zwei Nächte an und hörte gleich wieder auf. Es hat lange gedauert. Ich bin mir nicht einmal ganz sicher, ob es inzwischen vorbei ist.

1988

Ich habe seit dem 7. Oktober nichts mehr geraucht. Der Hauptgrund dafür ist, daß an diesem Tag mein Manager Elliot Roberts bei mir anrief und mir erklärte, es sehe aus, als ob ich von Geffen Records loskommen würde. Ich hatte mir gerade einen Riesenjoint reingezogen und bekam fast einen Herzanfall. Ich war überglücklich, aber zu bekifft, um es genießen zu können. Also hörte ich auf. Ich war einfach nicht so beieinander, daß ich den Augenblick bewußt wahrgenommen hätte.

1988

Ich sorge mich um meine Kinder, insbesondere um meinen Ältesten. Er bekommt es auf dem Schulhof täglich mit Drogen zu tun, die viel härter sind als so ziemlich alles, was mir im Laufe meiner Musikerkarriere angeboten worden ist.

Ich muß allerdings dazusagen, daß man meiner Erfahrung nach mit den Drogen fertigwerden kann. Drogen sind etwas Vorübergehendes. Die Umwelt ist da schon ein ganz anderes Thema. Wir müssen uns einfach der Tatsache stellen, daß wir der Welt Schaden zugefügt haben, den wir womöglich nicht wiedergutmachen können. Wir müssen versuchen, unseren Planeten zu retten. Im Vergleich zu *dieser* Realität sind Drogen wirklich einfach nur... Drogen.

1990

Rock'n'Roll ist wie eine Droge. Ich will nicht ständig damit zu tun haben, weil er mich sonst umbringt.

1990

Rock'n'Roll ist ein drogenbestimmter Musikstil. Aber es gibt die verschiedensten Drogen. Bei einer Droge muß es sich nicht immer um eine chemische Substanz handeln, vielmehr bezeichnet der Begriff als Metapher alles, was stimulierend wirkt, was dich auflädt. Zur Zeit ist körperliches Training meine Droge. Ich muß mich »hochpowern«. Und es funktioniert – meistens.

Drogen im Sinne von Chemikalien wiederum finde ich nach wie vor äußerst bedrohlich. Ich hatte einen gewissen Hang zu Drogen, glaube aber nicht, daß es mich gezeichnet hat. Das Leben hat mich gezeichnet. Nichts Spezielles... Im Gegensatz zu mir geben viele sich selbst gegenüber allerdings nicht zu, wieviel Schaden sie genommen haben, und lernen daher nicht, damit umzugehen.

1990

Irgendwo in der Nähe von Albuquerque [1966] war ich plötzlich völlig ausgebrannt. Brach mehr oder weniger zusammen. Wir hatten ein paar Hippies kennengelernt und landeten schließlich in ihrer Bude. Ich schlief mehrere

Tage lang und kam wegen totaler Erschöpfung ins Krankenhaus. Man sagte mir, ich müsse essen, schlafen, mich schonen – das Übliche.

Im Rückblick weiß ich wirklich nicht mehr, was mich so lange auf den Beinen gehalten hat. Ich bin mir nicht sicher, ob chemische Substanzen dabei eine Rolle spielten.

1995

Politik

In den Jahren unter Carter zogen alle den Schwanz ein, liefen mit gesenktem Kopf durch die Gegend und dachten, Amerika sei so schlecht und habe alles falsch gemacht. Vor allem im militärischen Bereich gab es zahlreiche Debakel, vieles, was nie hätte passieren dürfen und was von Anfang an falsch war – obwohl sich das schwer beurteilen läßt.

Überall wurden Menschen umgebracht, bevor wir hingegangen sind und versucht haben zu helfen, und wenn wir schließlich ankamen und zu helfen versuchten, haben wir's versaut. Aber man kann sich nicht ewig für alles, was man getan hat, grämen. Natürlich wünschte ich, niemand müßte durch Kriege sterben, aber der Krieg ist nun einmal ein schmutziges Geschäft.

Den Russen macht es offenbar nicht soviel aus, in Afghanistan einzumarschieren, überall Menschen umzubringen, das gottverdammte Land zu erobern und wer weiß, was sonst noch. Man kann doch nicht einfach zuschauen, ohne irgendwann zu sagen, jetzt reicht es. Um das aber zu können, um die Macht zu haben, das tun zu können, muß man selbst stark sein.

Vor zehn Jahren haben die USA angefangen, wirklich lahmarschig zu werden und in der Rüstung weit hinter die Russen zurückzufallen.

Was in letzter Zeit geschehen ist, lief lediglich auf ein Aufholen hinaus, um ein Rüstungsgleichgewicht zu erreichen. Die Situation ist natürlich schlimm, aber schlimmer wäre es meiner Meinung nach, schwach zu sein, wenn ein stärkeres Land die Freiheit bedroht.

Insofern stehe ich beim Thema Aufrüstung hinter Reagan, um standhalten und anderen Ländern zeigen zu können, wo es langgeht, wenn sie freie Staaten angreifen. Daran kann ich nichts Falsches erkennen.

Damals, 1967, hätte ich noch nicht so gedacht. Aber ich bin mittlerweile ein älterer Herr, habe Familie und Kontakt zu anderen Familienvätern. Amerikanische Familien werden nicht unmittelbar bedroht, wohl aber Familien in anderen freien Ländern, beispielsweise in vielen Ländern am Rande des Eisernen Vorhangs. Sich einfach nur hinzustellen und zu behaupten, es könne nichts passieren, ist falsch, denn es ist schon einiges passiert. Wir wollen nicht, daß es sich wiederholt – ich jedenfalls nicht.

1985

Das [der Verteidigungshaushalt] ist Wahnsinn, absoluter Irrsinn. Aber wenigstens haben wir in unseren Ländern hier die Freiheit, das zu sagen. Und genau dafür kämpfen wir: für die Möglichkeit, zu widersprechen. Öffentlich. Das ist unser Recht, und wir müssen alles dafür tun, es zu erhalten.

Ich will mich keineswegs gegen die stellen, die der Auffassung sind, wir sollten keine Waffen mehr produzieren, aber in praktischer Hinsicht stimme ich ihnen nicht zu. Von einem idealistischen Standpunkt aus schon. Es ist ein bißchen zwiespältig, aber meiner Meinung nach haben wir als Einzelne und als Volk zuviel Verantwortung, müssen wir uns um unser persönliches Umfeld kümmern.

Insofern habe ich mehr für Reagan übrig als andere, als

viele andere aus meiner Branche.

1985

Es ist meiner Meinung nach an der Zeit, positiv zu denken. Ich finde, wenn sich all die Hippies und sonstigen Überbleibsel aus den Sechzigern immer noch über alles und jedes beklagen, wenn sie mit nichts zufrieden sind, dann ist das ihre eigene Schuld, denn es hätte an ihnen gelegen, etwas zu verändern. Aber diese Zeit ist vorbei, und was wir heute sehen, ist das Resultat dessen, was wir bisher getan haben, und wenn sie immer noch alles ablehnen, was sie selbst gemacht haben, dann empfinde ich keinerlei Mitgefühl.

Wir sollten auf das, was wir tun konnten, und auf die positiven Seiten unserer Rolle in der Welt stolz sein. Darin liegt unsere Kreativität, unser Talent, wie immer man es nennen will. Ich finde, ganz ausgestorben ist das in Amerika noch nicht. Es ist immer noch da. Meiner Meinung nach waren die Sechziger ein Jahrzehnt des Idealismus, während die Achtziger mehr vom Realismus geprägt sind.

1985

Ich mache mir nichts aus institutionalisierter Religion. Ich glaube an einen höheren Ursprung aller Schöpfung, nehme zur Kenntnis, daß wir alle lediglich ein Teil der Natur und des Tierreichs sind. Wir sind sehr hoch entwikkelt und sollten sehr verantwortungsvoll mit unserem Wissen umgehen. Ich bin sogar der Ansicht, daß innerhalb des natürlichen Schöpfungsplans die Raketen, Satelliten, Raumschiffe, die wir heute entwickeln, eigentlich… Wir hinterlassen im Universum unsere Spuren, und das alles gehört dazu. Die Erde ist eine Blume, die ihren Blütenstaub aussendet. Dinge gehen von ihr aus, und nun, da wir uns fortentwikkeln, werden sie bedeutender und reichen weiter. Und das muß so sein, weil wir uns ins Universum ausdehnen müssen. Meiner Meinung nach werden wir in hundert Jahren auf anderen Planeten leben.

Ich bin immer noch der alte. Na und? Weil Countrymusik eben Countrymusik ist, dachten manche vielleicht, ich sei rechtsgerichtet. Keine Ahnung. Neulich wurde ich gefragt, ob ich mich für einen Schwarzen halte, weil ich Blues spiele. Was soll man darauf anworten?

1988

Ich begann, mich viel mehr für das Familienleben zu interessieren, mich um meine Familie zu kümmern und dafür zu sorgen, daß es ihr gutging. Ich identifizierte mich mit Reagans Ansatz, die Allmacht der Regierung und die Maßnahmen des Bundes allmählich zurückzufahren, um die Gemeinden Programme wie Pflege und Betreuung selbst regeln zu lassen. Das war der Kern seiner innenpolitischen Aussage, und ich hielt ihn für richtig. Ich glaubte, so etwas würde die Menschen zusammenführen. Aber das war zu idealistisch gedacht. Tatsächlich haben die Menschen nicht zueinander gefunden.

1988

Von Jimmy Carter war ich sehr enttäuscht. Politisch gesehen war es, glaube ich, falsch, den Panamakanal zurückzugeben. Irgend etwas sagt mir, daß es ein gewaltiger Fehler war, diktiert von einem schlechten Gewissen, nicht von der Vernunft. Mit der Rückgabe des Panamakanals wollte Carter alle anderen schlimmen Dinge, die wir auf der Welt angerichtet hatten, wiedergutmachen. Außerdem finde ich es falsch, daß man die Streitkräfte soweit hat verkommen lassen, daß unsere militärische Stärke just zu dem Zeitpunkt abnahm, da andere Supermächte zulegten. Das war einfach keine gute Spieltechnik.

Ich gehöre nicht zu den Falken. Mir liegt nichts daran, in den Krieg zu ziehen, die Muskeln spielen zu lassen, aber ich bilde mir auch nicht ein, daß man aus einer Position der Schwäche etwas zu melden hätte. So einfach ist das meiner Meinung nach. Auf dieser Welt kämpfen alle mit harten Bandagen, und wenn wir sagen, wir spielen nicht mehr mit, wird das wohl kaum funktionieren. Man wird das als Schwäche mißverstehen und Kapital daraus schlagen.

1988

Meiner Meinung nach wollte Reagan das, was er angekündigt hatte, wirklich tun. Aber vieles, was während seiner Amtszeit passiert ist, hat mich enttäuscht. Trotzdem konnte ich mich mit den Ideen hinter vielem, was er versuchte, identifizieren. Und dem konnte ich mich nicht entziehen.

1988

Als Präsident der Vereinigten Staaten wäre mir George Bush nicht recht. Meiner Meinung nach sollte ein ehemaliger CIA-Chef nicht Präsident werden. Wir brauchen jemanden mit Sensibilität, jemanden, der über viel Gefühl und Verstand verfügt. Ich halte [Jesse] Jackson für den besten Kandidaten. Schon aus reiner Neugier sähe ich ihn gerne im Amt. Ich möchte sehen, was passieren würde, weil es auf jeden Fall zu größeren Veränderungen käme.

1988

Meine politischen Ansichten sind, gelinde gesagt, unstet. Ich sehe eigentlich keinen großen Unterschied zwischen Republikanern und Demokraten. Sie erzählen nur unterschiedliche Geschichten.

1989

Alle wollen heute Demokratie. Selbst die Kommunisten wollen es auf einen Versuch ankommen lassen. Ich möchte die Seifenblase ja nicht zerplatzen lassen, aber auch die Freiheit bringt große Probleme mit sich.

In den Ostblockländern hieß es früher: »Schaut euch den Kapitalismus doch an! Er ist krank, die Menschen sind dort alle degeneriert, auf den Straßen werden Drogen verkauft und Morde begangen.« Das ist die Kehrseite der Freiheit. Es gibt viele böse Menschen, und solange man sie nicht erwischt, können sie praktisch tun, was ihnen beliebt. Insofern ist die Freiheit durchaus ein zweischneidiges Schwert.

1989

Meiner Meinung nach hat unser Land drei Möglichkeiten: radikale Umwälzungen, moderate Veränderungen oder Stillstand. Clinton steht für den mittleren Weg, den moderaten Wandel. Radikale Veränderungen stünden uns mit Ross Perot ins Haus. Ich selbst rechne mich eher zu den Radikalen. Ich finde, wenn man schon alles aufmischen muß, dann richtig. Man muß so etwas zügig hinter sich bringen. Andererseits muß ich mir selbst immer wieder klar machen, daß manche Vorhaben zu gewaltig sind, als daß man sie im Hauruckverfahren über die Bühne bringen könnte, ohne alles aufs Spiel zu setzen. Wirklich große Dinge kann man nicht über Nacht ändern.

Nach allgemeiner Erfahrung müßte eigentlich Clinton das Rennen machen, weil er die Dinge nicht überstürzt. Ross Perot hat allerdings eine besondere Ausstrahlung, die mich persönlich sehr fasziniert. Angst macht er mir nicht. Viele empfinden ihn als unheimlich und bedrohlich, aber das liegt an seiner Offenheit. Einen solchen Politiker hat man hierzulande eben noch nicht gesehen… Man stelle sich vor, welche Impulse von ihm ausgehen würden. Das könnte die ganze Welt und die gesamte Weltwirtschaft radikal verändern. Es lohnt sich, einmal darüber nachzudenken.

Clinton ist ein Kämpfer. Das gefällt mir an ihm. Er geht unbeirrbar seinen Weg. Er läßt nicht locker. Er hat viel einstecken müssen, liegt aber immer noch gut im Rennen.

1992

Die Filme

Journey Through The Past wollte ich unbedingt machen. Die Musik, die für mich stets das Wichtigste war und immer sein wird, schien einfach in diese Richtung zu weisen. Ich wollte bildlich ausdrücken, wovon ich sang.

Was der Film aussagt, läßt sich schwer beschreiben. Für ein Erstlingswerk finde ich ihn gut. Wirklich gut. Ich wollte, glaube ich, nicht zum Ausdruck bringen, daß das Leben sinnlos ist – obwohl es einem schon eine Menge Scheiße zumutet. Zur netten Unterhaltung taugt der Film jedenfalls wenig. Zugegeben, ich habe ihn für mich selbst gedreht. Worum es auch gehen mag, so habe ich mich jedenfalls seinerzeit gefühlt. Es war ein Film für mich. Es gab nicht einmal ein Drehbuch.

Die Filmszene will mich nicht. Was können die schon mit *Journey Through The Past* anfangen? Er hat keine Handlung. Keine Aussage. Keine Stars. So etwas will keiner sehen. Aber das nächste Mal kriegen wir sie. Nächstes Mal. Ich habe alles, was man an Ausrüstung braucht, jede Menge Ideen und die Motivation, noch einen Film zu drehen. Ich bin sogar als Kameramann am Ball geblieben, habe unter dem Pseudonym Bernard Shakey für Geld gefilmt. Vor nicht allzu langer Zeit habe ich einen Werbespot für Hyatt House gedreht. Ich warte nur noch auf den rechten Augenblick.

1975

Der Film »Rust Never Sleeps« in »Rust-O-Vision«

Der Film zeigt dem Publikum – jedenfalls manchen im Publikum, allen sicher nicht – daß... Man sollte auf jeden Fall diese Brille aufsetzen und es versuchen! Um den Rost zu sehen, muß man schon in der richtigen Stimmung sein. Es ist technisch sehr abgefahren. Nur wenige verstehen das, aber wenn man die Brille aufhat, kann man es an einigen Stellen, insbesondere bei den älteren Songs, sehen. Man erkennt, wo die Band zu stocken beginnt. Setzt man die Brille an den Stellen auf, an denen man mich spielen sieht, und läßt man sich darauf ein, sieht man es überall auf den Bühnenboden und meinen Gitarrengurt entlang rieseln...

1979

Rust Never Sleeps ist mein zweiter Film, aber wahrscheinlich der erste, den der überwiegende Teil des Publikums zur Kenntnis nimmt. Künftig möchte ich noch mehr Filme drehen.

1979

Der Film »Muddy Track«

Wir verwendeten zwei kleine Super-8-Kameras, die wir die ganze Zeit über laufen ließen. Wenn ich ein Zimmer betrat, stellte ich sie einfach auf den Tisch. Die Erzählperspektive [in *Muddy Track*] entspricht genau dieser Kameraposition. Die Kamera nimmt eine eigene Identität an. Wir nannten sie Otto, und die Aufgenommenen begannen, sich mit ihr zu unterhalten. Sie hat viel von dem gesehen, was auf einer Tournee danebengehen kann und was alles andere als nett und erbaulich ist. Nicht, wie man sich das üblicherweise bei einer Popgruppe auf Tour vorstellt. Der Film ist sehr kraft- und gefühlvoll.

1988

Muddy Track fängt viel von diesem Gefühl ein. Es gibt einige sehr wilde Passagen, wo wir Speed Metal spielen. Oft wurde nur der Anfang bzw. Schluß eines Songs aufgenommen, die Lieder selbst fehlen – wie wenn man bei einem Interview nur den Interviewer hören würde. Ich selbst bin fast überhaupt nicht zu sehen. Man hört immer nur die Fragen. Das Ganze ist eine durchaus interessante Interpretation der Rolle des Interviewers. Außerdem handelt es davon, wie es ist, mit Anfang vierzig immer noch diese Art von Musik zu machen.

1988

Meine filmische Sichtweise habe ich mehr oder weniger von Godard. Er und einige weitere Vertreter des Cinéma Vérité stellen meinen Haupteinfluß dar.

1990

Mein Film *Muddy Track* wird Ihnen gefallen. Es ist eine Dokumentation über die Crazy-Horse-Tournee vor zwei oder drei Jahren. Es gibt eine Passage mit Aufnahmen von allen, die anreisten, um mich zu interviewen. Ich habe die idiotischsten Fragen ausgewählt und *nicht* beantwortet.

1990

Es war eine schlimme Zeit für uns. Wir waren auf der Bühne einfach nicht gut. Auch unser Material war nicht besonders. Ich habe einen Film über diese Tournee gemacht, den legendären *Muddy Track* [lacht]. Ich habe immer noch vor, alle meine Filme als »Sixpack« zu veröffentlichen: *Human Highway*, *Rust Never Sleeps*, *Journey Through The Past*… *Muddy Track* ist mir von allen der liebste. Er ist unglaublich düster und wuchtig. Aber er macht Spaß.

1995

Young über Young

Ich habe schon eine ganze Menge mitzuteilen, habe aber nie Interviews gegeben, weil es damit immer nur Ärger gab. Immer. Nie klang das Gesagte richtig. Ich mag Interviews nicht. Andererseits: Je weniger ich davon gegeben habe, desto gefragter waren sie, und desto mehr konnte ich sagen, indem ich *nichts* sagte. Aber die Zeiten ändern sich. Ich fühle mich heute unbefangen – nicht zuletzt, weil ich zur Zeit keine feste Beziehung habe. Damit hatte es, glaube ich, viel zu tun. Ich wohne wieder in Südkalifornien. Ich fühle mich so offen wie schon lange nicht mehr. Ich komme viel raus und unterhalte mich mit den Leuten. Ich habe das Gefühl, in meinem Leben passiert wieder etwas.

1975

In den letzten Jahren war zuviel los. Und nichts davon hatte mit Musik zu tun. Es hingen einfach zu viele Leute bei mir herum, die ich eigentlich gar nicht kannte. Sie waren Schmarotzer, ob nun aus Berechnung oder nicht. Sie lebten von meinem Geld und benutzten mein Telefon, saugten mich aus.

Ich war sehr gekränkt, als mir das klar wurde. Ich wollte nicht glauben, daß man mich ausnutzte. Ich wollte nicht den Chef spielen und die Leute rausschmeißen müssen. Deswegen habe ich heute mehrere Häuser. Wenn sich zu viele Leute bei mir versammeln, haue ich einfach ab. Meine Ranch ist inzwischen schöner und besser in Schuß als je zuvor. Ich kann sie durchaus eine Weile allein lassen. Sie ist nicht mehr der einzige Ort, an dem ich das Gefühl habe, existieren zu können und sicher zu sein. Ich fühle mich heute viel stärker.

1975

Manchmal begreifen die Leute nicht, daß ich, kaum angekommen, schon wieder gehe; daß ich zuhause bin, um irgend etwas zu tun, und gleich wieder alles vorbei ist, während es für andere gerade erst angefangen hat. Aber ich habe meine Arbeit. Die Achtziger stehen vor der Tür. Ich muß das, was vorher war, niederreißen und etwas Neues aufbauen. Man kann einen bestimmten Zustand immer nur eine gewisse Zeit lang halten. Irgendwann gehört man zum alten Eisen, und das könnte auch mir passieren…

1979

Wenn eine neue Band ihre Linie drei oder vier Jahre lang durchgezogen hat und sich dann nicht verändert, ist sie weg vom Fenster, abgemeldet, erledigt. Tatsache ist, ich habe nur überlebt, weil ich mich verändert habe.

1987

Shakey Deal? Das ist doch nur ein Spitzname. Der Kopf der Bluenotes ist ein menschliches Wrack namens Shakey, und manchmal bin ich das. Es ist praktisch, über verschiedene Identitäten zu verfügen, insbesondere für mich, weil ich morgens, wenn ich aufwache, ohnehin nicht weiß, wer ich bin. Oft brauche ich eine ganze Weile, um es herauszufinden.

1988

Viele von denen, die mit mir angefangen haben, sind nicht mehr dabei; aber vielleicht hat es einfach damit zu tun, daß die Hälfte nicht mehr lebt. Das spricht für sich. Was mich bei der Stange hält… Nun, der Punk war sehr heilsam, weil er solchen alten Kupferstechern wie mir klargemacht hat, daß wir uns nur ständig wiederholten.

1988

Leider gibt es in der Rockmusik wieder eine etablierte Szene. Es ist wirklich zu öde. Jedesmal, wenn es soweit ist, passiert nichts mehr, und das entspricht nicht dem Geist des Rock'n'Roll. Ich versuche mein Bestes, nicht zum Rock-Establishment zu gehören, aber wohl vergebens, weil ich ja schon so lange dabei bin. Ein »altgedienter Rocker« oder etwas Ähnliches zu sein ist wirklich langweilig. Die einzigen, die hierzulande neue Wege zu gehen scheinen, sind einige der wirklich radikalen Bands wie Anthrax und Metallica. Sie bieten den Jugendlichen eine Möglichkeit, sich auszudrücken. Außerdem können sich die Kids darauf verlassen, daß ihre Eltern diese Musik hassen – »Schalt endlich diesen Lärm ab!« –, und identifizieren sich daher damit. Wenn ich nochmal achtzehn wäre, wäre ich in einer Metalband, statt für die älteren Herrschaften Blues zu spielen. Denn für eines taugt der Rock'n'Roll: Er ist das Lied der Rache.

1988

Geld zu haben ist schön, aber nicht unbedingt nötig. Es ist allerdings schön, etwas für seine alten Tage zu haben. Schauen Sie sich doch mich an: Ich falle förmlich auseinander. Ich roste vor mich hin. Sobald man innehält, ist man dran. Oder schauen Sie sich an, wie einige der älteren Stahlbauten korrodieren. Für mich ist das wie eine Warnung. Bleibt man einen Moment stehen, zerfällt man zu Schutt und Asche. Also bleibe ich in Bewegung.

1988

Michael Jackson versucht doch nur, mich zu kopieren. Ich war schon vor Jahren ausgerastet...

1988

In mir stecken einige Dämonen, aber wir schaffen es, miteinander auszukommen.

Sie sind die ganze Zeit über da, machen mich verrückt und sorgen dafür, daß ich so auf der Gitarre spiele, wie ich es manchmal tue. Es hängt vom jeweiligen Kräftegleichgewicht ab, davon, wie stark die Dämonen bzw. das Gute in mir am betreffenden Abend sind. Meiner Meinung nach findet in jedem Augenblick des Lebens dieser Kampf zwischen Gut und Böse statt. An jeder Entscheidung, die man trifft, sind beide Seiten beteiligt. Auch wenn man die böse Seite verbirgt, ist sie da.

Ich habe es sehr genossen. Das galt, glaube ich, damals für viele von uns. Ich betrachte mich selbst allerdings nicht als jemanden, der immer noch den Sechzigern nachtrauert – wenn man einmal davon absieht, daß ich immer noch die Haare lang trage.

1988

Ich bin nun einmal so. Während meiner Schulzeit habe ich manchmal sechs Monate lang denselben Klamottenstil getragen und dann plötzlich etwas ganz anderes. Veränderung war immer charakteristisch für mich.

1988

Die Frage ist, wie lange kann man so weitermachen und dabei wirklich produktiv sein? Wird man zum bloßen Nachvollzug von etwas, was früher geschehen ist? Diese Frage stelle ich mir immer wieder.

1988

Ich spürte, wie mir die Sache allmählich entglitt. Ich wollte nie vor einem zahlenden Publikum stehen, wenn ich nicht hundertprozentig bei der Sache war. Und wenn man spürt, wie einen diese Energie verläßt, muß man zusammenpacken und nach Hause gehen.

1988

Ich bin innerlich, glaube ich, ziemlich extrem. Mein Leben war ein ständiges Wechselbad der Gefühle. Mir sind Dinge widerfahren, die extreme Reaktionen in mir hervorgerufen haben. Bei allem, was ich tue, spüre ich einen gewissen Zorn, wenn auch manchmal in so geringem Maße, daß er fast positiv wirkt. Zorn ist nur dann negativ, wenn man ihn nicht unter Kontrolle hat. Mein Leben ist völlig aus den Fugen. Meine Raserei kommt aber in erster Linie in meiner Musik zum Ausdruck.

1989

Wenn ich auf Tournee bin, bin ich glücklich, weil ich alles, was um mich herum passiert, unter Kontrolle habe. Ich fühle mich sicher, weil ich weiß, was passieren wird. Das letzte Konzert ist allerdings immer die Hölle. Die Tournee ist so gut wie vorbei, aber alles wird an der letzten Note gemessen, die man spielt. Es ist, als ob man in einem Flugzeug sitzt und die Schallmauer durchbricht, man immer schneller fliegt und alles wunderbar ist und tadellos funktioniert. Aber dann ist plötzlich das Flugzeug verschwunden, und man selbst befindet sich noch in luftiger Höhe. Genau so fühlt man sich am Ende einer Tour.

Trotzdem liebe ich es aufzutreten. Das ist mein Job. Solange ich immer wieder lande, kann ich neu starten. Gerade ist ein Tributalbum für mich erschienen. Es heißt *The Bridge*. Ich mag die Leute darauf wirklich sehr und empfinde es als Kompliment, daß sie das getan haben, aber eigentlich bin ich noch nicht so weit. Sie wollen mich damit keineswegs zum alten Eisen werfen, aber trotzdem fühle ich mich bedroht.

1989

Ich verändere mich ständig. Alles, wozu ich Lust habe, probiere ich aus. Ich versuche nicht, zu wiederholen, was ich schon gemacht habe.

1989

Zunächst muß man begreifen, daß ich mir von niemandem sagen lasse, was ich zu tun habe. So etwas funktioniert nicht. Ich höre einfach nicht darauf, schere mich nicht drum. So war es immer, und so wird es immer sein. Ich mache, was ich will, und habe es immer so gehalten. Anders läuft es bei mir nicht. Dabei bin ich mir durchaus der Tatsache bewußt, daß das, was ich in den letzten zehn Jahren gemacht habe, häufig nicht dem entsprach, was man von mir erwartete. Ich war nicht immer der Neil Young, den das Publikum hören wollte.

Jedesmal, wenn ich an die Öffentlichkeit ging, mußte ich kämpfen. Jede Platte bedeutete einen mühseligen Kampf, von A bis Z. Ich kämpfte gegen die Plattenfirma und gegen die allgemeinen Reaktionen auf meine Arbeit, die alles andere als ermutigend waren. Trotzdem entsprach, was ich tat, meinen Vorstellungen. Darum habe ich es auch gemacht. Aber es war nun einmal nicht das, was das Publikum von mir wollte. Und das wußte ich. Andererseits konnte ich ihm nicht geben, was es wollte, und insofern hat mich das Ganze weniger gestört.

1990

Mir ist bewußt, daß einige davon überzeugt sind, daß ich in den letzten zehn Jahren meine Karriere systematisch ruiniert habe, indem ich eine Musik, die mein Publikum für so wertvoll hielt, daß sie niemals angetastet werden durfte, zerstört habe. Aber manchmal muß man so etwas tun, mag es auch noch so schmerzhaft sein. Es eröffnet neue Horizonte und ermöglicht einen Neubeginn. Man darf nicht stehenbleiben. Wenn man innehält, ist man tot. Sie wissen, was ich bin: ein Musiker. Kein Superstar. Ein Musiker, genau das bin ich. Ein Komponist und Musiker. Je mehr ich spiele und je unterschiedlichere Dinge ich tue, desto besser werde ich.

Ich kann mich nicht entwickeln, wenn ich dem Publikum immer nur das biete, was es glaubt, von mir hören zu wollen. Ich kann mich nicht entwickeln, wenn ich in meinem Häuschen sitze. Dann bin ich erledigt, und das will ich nicht. Also wende ich mich nach außen. Und es ist mir gleich, was man von mir hält. Ich will einfach weitermachen, den Kreislauf in Gang halten. Das ist, verdammt noch mal, mein Job.

1990

Ich habe keine Angst vor dem Sterben. Auch nicht vor dem Altwerden. Allerdings möchte ich mich dabei nicht passiv verhalten. Ich werde nicht still und leise abtreten. Ich werde mich nicht davonmachen, und man wird mich nicht einfach wegtragen. Wenn ich schon gehen muß, dann wenigstens nicht sang- und klanglos. Soviel steht fest.

1990

Ich bin nur noch ein Schatten meiner selbst. Das weiß ich. Aber daran läßt sich nichts ändern. Und irgendwie gefällt es mir sogar.

1990

Alles läuft mir davon. Ich selbst bin ein Leben lang gerannt. Wo die Reise hingeht – wer zum Teufel weiß das schon? Aber darum geht es auch gar nicht.

1990

Ich war damals [zur Zeit von *On The Beach*] wohl ziemlich am Boden, aber ich machte, was ich wollte. Jeder, der auf sein Leben zurückblickt, stellt, glaube ich, fest, daß er etwas Derartiges durchgemacht hat. Es gibt Phasen der Depression, der Euphorie, des Optimismus und des Pessimismus, das Ganze ist eine einzige Wellenbewegung. Wenn man an den Strand geht, kann man dieselbe Beobachtung machen und sich vorstellen, daß jede Welle eine andere Gefühlslage darstellt. Genauso schwappt es herein. Man sollte nicht davonlaufen.

Wenn man anfängt, sich abzuschotten und sich den Dingen, die auf einen zukommen, verschließt, beginnt man meiner Meinung nach schnell, zu altern und wirklich abzubauen, weil man plötzlich beschließt, mit dem zufrieden zu sein, was man während seiner glücklichsten Lebensphase gewesen ist, und sich darauf einrichtet, den Rest seines Lebens so zu bleiben. Wenn das geschieht, ist man so gut wie tot und bewegt sich nur noch, um dieser Tatsache nicht ins Auge sehen zu müssen.

1988

Ich versuche Neuem gegenüber möglichst aufgeschlossen zu bleiben. Das sieht man unter anderem daran, daß ich mich so sehr für Elektronik und Maschinen interessiere. Ich hatte immer eine Schwäche für Maschinen. Ich habe das Gefühl, mit den ganzen neuen digitalen und computergesteuerten Geräten, die ich heute in die Finger bekomme, Dinge tun zu können, die ich bisher nicht tun konnte... Ich weiß, ich stehe erst am Anfang. Jahrelang war ich Neil Young, konnte ich bleiben, wo ich war, als Zeitdokument sozusagen, aber wenn ich mich heute umsehe, wirkt alles so wohlorganisiert... Die derzeitige neue Musik und die ihr eigene Perfektion beruhigen mich. Der Umgang mit Maschinen kann durchaus seelenvoll sein.

1988

Momentan ist kein Ende in Sicht – außer dem großen Schlußstrich natürlich. Ich kann noch lange so weitermachen.

1990

Ich habe die alte Tretmühle satt, die Open-Air-Bühnen. Ab heute spiele ich in den alten Löchern. Der Boston Garden hat uns gefallen. Als wir das letzte Mal dort auftraten, brach der Schuppen fast zusammen. Außerdem haben die sich sehr gefreut, uns wiederzusehen. Ich möchte in diesen alten Hallen auftreten, solange sie noch stehen. Ab heute lautet die Devise: Zum Teufel mit den offenen Bühnen!

1991

Ich habe dem Publikum nicht immer gegeben, was es wollte. Daher hat es nie Erwartungen aufgebaut, die ich enttäuschen könnte. Das kommt daher, daß ich mir im großen und ganzen treu bleibe. Was ich mache, langweilt mich durchaus nicht. Manche nehmen gerne Platten auf, gehen aber ungern auf die Bühne. Mir gefällt beides.

1992

Ich habe das Thema Grunge ausgereizt, aber es macht mir nach wie vor Spaß, und ich werde wieder darauf zurückkommen. Als ich auf dem »Bob-Fest« [anläßlich des dreißigjährigen Bühnenjubiläums von Bob Dylan] auftrat, packte ich die E-Gitarre und den Verstärker aus, staubte sie ab und fühlte mich großartig dabei. Vor meinem Auftritt teilte ich mir mit Eric Clapton die Garderobe und lauschte an der Wand, bis ich aufgerufen wurde. Ich konnte es kaum erwarten, auf die Bühne zu gehen.

1993

Ich habe festgestellt, daß meine Art, Musik zu machen, darin besteht, den Moment abzuwarten, in dem sie von selbst aus mir herausfließt. Ich lasse dann alles stehen und liegen und trommle zusammen, wen ich kriegen kann, um alles unter Dach und Fach zu bekommen, wobei es wichtiger ist, die Sache selbst zustande zu bringen, als bestimmte Leute dabei zu haben oder bestimmte Gegebenheiten vorzufinden. Die Hauptsache ist, die Gunst des Augenblicks zu nutzen und das Ganze durchzuziehen.

1995

Seit dreißig Jahren singe ich dasselbe Lied. In meinem vorgerückten Alter erscheint mir das, was ich mache, als ein einziger langer Song, von dem ich immer nur verschiedene Teile spiele.

Mit meiner zweiten, 1969 erschienenen Platte lag ich hart an der Grenze zur Eigenparodie. Aber eigentlich stehe ich in dem Ruf, mich nicht selbst zu persiflieren –

sofern man nicht grundsätzlich der Meinung ist, daß ich das tue. Dann allerdings täte ich es schon seit Jahren!

1995

Der Rock'n'Roll darf nicht sterben. Er muß einfach immer weiterleben. Und ich stehe mittendrin und amüsiere mich großartig.

1995

Eines Tages wird Neil Young ein fröhliches Lied schreiben. Allerdings werde ich es höchstwahrscheinlich an die Fernsehwerbung verkaufen.

Ich denke da an Platten wie *On The Beach* und *Time Fades Away*. Ich muß dazu sagen, daß ich mir meine alten Aufnahmen für gewöhnlich nicht anhöre. Überhaupt nicht. *Weld* habe ich mir seit der Fertigstellung einmal angehört. *Freedom* ebenso. Ich investiere immer soviel Zeit in die Produktion, daß ich keine Lust habe, sie mir je wieder anzuhören. Ich schikke sie einfach in die weite Welt hinaus – wie ein Rabenvater.

1995

Ich trainiere viel, sorge dafür, daß ich in Form bleibe. Ihnen ist vielleicht schon aufgefallen, daß ich nicht mehr ganz so mager aussehe wie in den Sechzigern und Siebzigern. Ich wiege über zwanzig Kilo mehr als damals. Davon ist kein Gramm Fett. Alles Muskeln.

1995

Über seine Epilepsie

Über die Epilepsie weiß niemand so genau Bescheid. Sie gehört zu mir, zu meinem Kopf und den Vorgängen darin. Irgend etwas in meinem Gehirn löst sie aus. Manchmal, wenn ich total high bin, wird es zu einer geradezu psychedelischen Erfahrung, einen Anfall zu erleiden. Man rutscht in eine andere Welt. Der ganze Körper zuckt, man beißt sich auf die Zunge und schlägt den Kopf auf dem Boden auf, aber die Seele ist anderswo. Das Erschreckende daran ist nicht etwa, in diesen Zustand zu geraten, sondern die Erkenntnis, daß man sich in dieser... Leere vollkommen wohlfühlt. Und dieser Schreck schleudert einen zurück in die Wirklichkeit. Es ist eine äußerst verwirrende Erfahrung, und es fällt schwer, sich danach wieder zu fassen. Das letzte Mal mußte ich erst einmal rund eineinhalb Stunden in Begleitung zweier Freunde auf der Ranch umherlaufen, bevor ich wieder richtig beieinander war.

Auf der Bühne ist es noch nie passiert. Ein paar Mal hatte ich das Gefühl, es sei soweit, und bin gegangen. Wahrscheinlich hebe ich zu sehr ab. Es ist der Druck von außen. Deswegen liegen mir auch Menschenmengen nicht so sehr.

1975

Wenn es heute passiert, habe ich eine gewisse Kontrolle darüber. Ich weiß selbst nicht, ob mir diese Kontrolle früher fehlte oder ob mir einfach nicht so viel Neues widerfuhr. Woran es auch gelegen haben mag, ich bekam plötzlich dieses unbestimmte Gefühl, und weg war ich...! Wenn ich es heute merke, versuche ich, mich zu entspannen oder alles beiseite zu legen und die auf mich eindringenden Reize eine Weile abzuschalten. Es ist natürlich schwierig, das auf der Bühne vor einem großen Publikum zu tun. Aber ich schaffe es trotzdem. Ich hatte seit zwanzig Jahren keinen richtigen Anfall mehr, zumindest keinen wirklich folgenschweren. Tremores hatte ich allerdings schon. Ich spüre, daß es nicht ganz weg ist.

1995

Mögliche Grabinschrift

Dieser Mann, der langlebigste aller Rockstars, starb auf der Suche nach einem goldenen Herzen. Gefunden hat er es nie; aber er hat viele Leute begeistert.

1975

Kritik

Es interessiert mich nicht, als was man mich bezeichnet. Es hat nichts zu bedeuten. Ich werde ständig verrissen, aber wenn ich eigenartig bin, dann weil ich so sein *will*. Wenn ich aus der Sicht der Yuppies ein merkwürdiger Kauz bin, was zum Teufel bedeutet das schon? In irgendwelchen Zeitschriften steht, ich mache nur deswegen so unterschiedliche Platten, weil ich Aufmerksamkeit erregen will. Wenn ich jemals dahinterkomme, welches kleine Weichei das verbreitet, werde ich es wohl umbringen müssen. Wie kann man nur so etwas behaupten? Es gibt viel wirksamere Möglichkeiten, auf sich aufmerksam zu machen. Man könnte beispielsweise Musikkritiker abschlachten – *das* würde Aufmerksamkeit erregen! Man käme in die Nachrichten. Ich hätte auch Geffen Records niederbrennen können. Das wäre ebenfalls in die Nachrichten gekommen und hätte jede Menge Aufsehen erregt. Wenn mir danach wäre, könnte ich eine öffentliche Selbstverbrennung inszenieren – auch damit würde ich viel Aufmerksamkeit ernten, oder?

Es ist ziemlich blöde anzunehmen, ich würde unterschiedliche Arten von Musik spielen, um auf mich aufmerksam zu machen... Was soll dieses Geschwätz? Soll das heißen, daß es beeindrukkend ist, immer und immer wieder genau dasselbe zu tun und nicht kauzig zu sein? Ist es das? Würde Neil Young tatsächlich immer nur dasselbe machen und wäre er kein schräger Vogel, würde man schreiben: »Der alte Langweiler schmeißt schon wieder genau dasselbe auf den Markt!« Man hat einfach keine Chance. Diese Woche ist man ein Depp, nächste Woche ein Genie. Wie soll man die Musikkritiker da überhaupt ernst nehmen? Soll doch das Publikum entscheiden.

Die Kritiker regen mich nicht auf... meine Mutter allerdings schon. Sie hat die Besprechung meiner Platte im *Rolling Stone* gelesen. Sie enthielt eine Karikatur von mir, die mir überhaupt nicht ähnlich sah und auf der ich drei Arme hatte. Meine Mutter rief mich an und fragte, was passiert sei: »Warst du beim plastischen Chirurgen? Versuchst du jetzt, wie Michael Jackson zu sein?«

1988

Wenn man meint, daß ich das alles aus irgendwelchen Launen heraus tue, wertet man die Musik ab. Die Musik ist für mich etwas Unmittelbares, etwas, was in diesem Augenblick passiert, ein Abbild dessen, was mit denen, die sie hervorbringen, geschieht. Das hat nichts mit dem zu tun, was sie bisher getan haben oder was sie tun werden.

Früher hat mich Bobby Darin genervt, weil er ständig seinen Stil änderte. Heute finde ich, er war ein echtes Genie. Man stelle sich das einmal vor: von *Queen Of The Hop* zu *Mack The Knife*. Und das hieß nicht, daß er nicht mehr an *Queen Of The Hop* geglaubt hätte, als er sich plötzlich um 180 Grad drehte und etwas von Frank Sinatra machte.

Trotzdem stolpere ich immer wieder über so etwas, weil ich herumexperimentiere und verschiedene Musikstile spiele. Doch in meinen Augen wertet es das, was ich tue, keineswegs ab.

1988

Das harte Geschäft des Journalismus habe ich von innen kennengelernt, als er [sein Vater, der Autor Scott Young] mich als Kind mit ins Büro nahm. Ich erlebte, wie eine Story manipuliert werden kann. Ich habe dem Ganzen schon damals nicht getraut, und so ist es bis heute. Wenn es hieß, ich hätte eine schlechte Platte gemacht, glaubte ich es einfach nicht. Warum sollte ich es nun plötzlich glauben, wenn geschrieben wird, ich hätte eine gute herausgebracht?

1990

Die Reaktionen, als ich damit [*Harvest*] live aufgetreten bin, waren katastrophal. Den Kritikern gefielen die Songs nicht. Trotzdem haben sie die Jahre überdauert. Insofern ist mir auch unklar, welche Maßstäbe diese Leute anlegen. Ich empfinde es aber gewissermaßen als Ehre, verrissen zu werden. Es ist wie eine Auszeichnung.

1993

Ich habe meinen Spaß gehabt. Auch wenn dem Publikum nicht besonders gefiel, was ich gemacht habe – man erkennt das daran, daß keiner die Platten kauft oder zum Konzert kommt –, ist meine Arbeit stets eine lohnende Herausforderung gewesen. Es macht immer Spaß, zu tun, was man möchte, und die Veränderungen um sich herum zu beobachten.

1995

David Briggs [Produzent] hat mir erklärt, was mit meinem Auftritt bei »Bob-Aid« nicht stimmte. Alle anderen erzählten mir, wie gut ich gewesen sei. Er bestritt nicht, daß mein Auftritt gut gewesen sei. Seine Meinung war: »Ja, es war schon gut. Es war gut, aber vergiß das jetzt einmal, denn was nicht damit gestimmt hat, war dies und das und jenes. Du hast in der falschen Tonart gesungen, deine Stimme war zu leise, das Schlagzeug war in der ersten Hälfte nicht präzise genug... Wahrscheinlich würde es niemand merken, aber benutzen können wir das nicht.« Ich höre immer auf ihn, nehme zur Kenntnis, was er sagt.

1995

Wir kommen mittlerweile wunderbar miteinander aus, aber einmal hat Jack [Nitzsche] mir vorgeworfen, ich hätte es mir zu leicht gemacht. Vielleicht ging es um etwas, was ich Anfang der Siebziger getan hatte, zur Zeit von *Harvest* oder *Goldrush*. Ich weiß nicht mehr genau, wann es war, aber irgendwann um diese Zeit muß es gewesen sein. Seiner Meinung nach habe ich bereits in dieser frühen Phase mein Potential nicht verwirklicht. Er gehörte zu denen, die erkannten, wie erbärmlich ich im Vergleich zu dem, was ich wirklich leisten konnte, drauf war. Er war einer meiner ersten Kritiker. In dieser Hinsicht war er ein Wegbereiter.

1995

Geffen Records

Soso, »untypisches Material«. Aber was ist das hier dann, was sind die Bluenotes? Was ich jetzt mache ist ja wohl sehr untypisch, oder? Bei Geffen hätte ich diese Platte überhaupt nicht produzieren können. Zweifellos hätte ich für alles selbst aufkommen müssen – mußte ich ja auch. Ich habe dieses Album ohne Plattenfirma fertiggestellt. *This Note's For You* ist allein mein Werk. Ich habe die Platte gemacht, nachdem ich mich von Geffen getrennt hatte, und sie zu Reprise mitgebracht. Es ist seit sieben oder acht Jahren das erste Album, das ich ohne die Einmischung einer Plattenfirma produziert habe. Die Klage haben sie [Geffen Records] schließlich zurückgezogen, nachdem sie mir eineinhalb Jahre lang auf den Wecker gegangen waren, weil ich ihnen klarmachte, je länger sie mich dafür verklagten, daß ich Countrymusik spielte, desto länger würde ich es tun. Entweder ließen sie mich in Ruhe, oder ich würde den Rest meines Lebens Country spielen. Und dann würde man mich nicht mehr verklagen *können*, weil ich ja ständig Country spielen würde und das dann nicht mehr »untypisch« wäre, hahaha. Also sollten sie aufhören, mir Vorschriften machen zu wollen, andernfalls würde ich mich in George Jones verwandeln. Eines Tages schließlich hat

David Geffen mich angerufen und gesagt, er habe unrecht, es sei falsch gewesen, es tue ihm leid, sie hätten es nicht tun sollen, außerdem habe es nicht hingehauen. Er habe sich geirrt. Ich entgegnete: »Und ob du unrecht hast!« Keine Ahnung, was er sich dabei gedacht hatte. Ziemlich komische Situation… Allerdings ist es schon eine Auszeichnung, dafür verklagt zu werden, daß man nicht kommerziell genug sei, nachdem man zwanzig Jahre lang sehr erfolgreiche Platten gemacht hat.

1988

Sie [Geffen Records] haben alles, was ich machen wollte, sehr negativ beurteilt, sofern es sich nicht um ganz normale Pop-Platten handelte, die genau dem entsprachen, was sie hören wollten. Sie betrachteten mich als ein Produkt, das ihre Erwartungen nicht erfüllte, aber nicht als Künstler.

1988

Es gab noch ein komplettes Album, das von Geffen abgelehnt wurde: die Originalversion von *Old Ways*. Es war wie eine Fortsetzung zu *Harvest* und brachte die Musiker von *Harvest* und *Comes A Time* zusammen. Es wurde innerhalb weniger Tage in Nashville eingespielt, mehr oder weniger so wie *Harvest*, und von Elliot Mazer, dem Produzenten von *Harvest*, mitproduziert.

Da hätten wir also *Harvest*, *Comes A Time* und *Old Ways*, erste Fassung, die typischer für mich ist als die zweite. *Old Ways II* war eher eine Country-Platte, eine unmittelbare Reaktion darauf, daß ich dafür verklagt wurde, daß ich solche Musik machte. Je mehr man versuchte, mich davon abzuhalten, desto mehr produzierte ich davon, allein schon, um ihnen klarzumachen, daß ich mir von niemandem vorschreiben lasse, was ich zu tun habe.

Ich war von dieser Platte sehr angetan und schickte ihnen ein Band mit acht der Songs zu. Eine Woche später rief ich an, weil ich noch nichts von ihnen gehört hatte, und es hieß: »Ehrlich gesagt, Neil, macht uns diese Platte große Sorgen. Wir sind nicht der Meinung, daß das die richtige Richtung für dich ist.« Technopop kam gerade in Mode; sie hatten Peter Gabriel unter Vertrag und fuhren total auf dieses Zeug ab. Sie sahen in mir wohl einen Althippie aus den Sechzigern, der immer noch versuchte, akustische Musik zu machen...

1988

Es fällt mir schwer, den Unmut, den ich zu dieser Zeit [bei Geffen Records] empfand, von den Werken von damals zu trennen. Ich habe mich seinerzeit wirklich bemüht, mein Bestes zu geben, litt aber unter dem Gefühl, unter Zwang zu arbeiten.

Während meiner ganzen Zeit bei Warner Bros. wurde niemals eine Session abgesagt – egal, was passierte. Bei Geffen dagegen geschah es mehrmals. Das waren offenkundige Manipulationsversuche. Es lief allem zuwider, was ich bis dahin erlebt hatte.

Everybody's Rockin' haben sie gleich begraben. Keinen Finger haben sie dafür krummgemacht. Sie entschieden, die Platte würde niemanden interessieren, und deshalb wollten sie so wenige wie möglich davon pressen und ansonsten nichts unternehmen.

Es gibt noch eine Platte von mir namens *Island In The Sun*, die wahrscheinlich nie jemand zu hören bekommen wird. Es war mein erstes Album für Geffen. Die drei akustischen Stücke aus *Trans* stammen daraus. Von einer Veröffentlichung riet man mir ab. Da es sich um meine erste Platte für diese Firma handelte, glaubte ich, dies sei ein frischer, innovativer Ansatz, dachte, Geffen hätte neue Ideen für mich. Mir war nicht klar, daß ich manipuliert wurde. Bis zur zweiten Platte. Da merkte ich dann, daß es immer so lief. Was ich auch mache – es ist nicht das, was sie haben wollen.

1988

Geffen war einfach ein Fehlgriff. Eine unglückliche Verbindung. Es funktionierte einfach nicht. Außerdem uferte die Sache ins Persönliche aus. Ein schlechtes Geschäft. Trotzdem halte ich Geffen für eine kompetente Firma, ein effizientes Unternehmen. Sie haben einige erstklassige Bands unter Vertrag und verkaufen jede Menge Platten. Leider nicht meine.

1990

Wir haben viele Veränderungen durchgemacht, als er [David Geffen] Crosby, Stills, Nash & Young managte. Als er mich in den Achtzigern unter Vertrag nahm, schien er nicht abzusehen, wie… *anders* sich meine musikalische Laufbahn entwikkeln würde. Daher nahm er es persönlich, als ich ihm ein reines Country- oder Rockabilly-Album ablieferte. Er glaubte, ich wollte ihn mit diesen Platten auf die Schippe nehmen, mir auf seine Kosten einen Scherz erlauben.

1990

Irgendwie ist es schon komisch: R.E.M. hatten sich schon für Geffen entschieden, hörten dann allerdings, daß ich diesen Prozeß am Hals hatte, brachen die Verhandlungen ab und unterschrieben statt dessen bei Warner Bros. Geffen hat also tatsächlich R.E.M. verloren, weil er mich wegen *Everybody's Rockin'* verklagt hatte!

1995

Bildlegenden

1 1988
2 Buffalo Springfield, 1967; von links nach rechts: Dewey Martin, Stephen Stills, Neil Young, Bruce Palmer, Richie Furay
3 Crosby, Stills, Nash & Young, 1969; rechts im Bild Schlagzeuger Dallas Taylor
4 1976
5 1976
6 1975
7 1986
8 Mit Crazy Horse, 1990; von links nach rechts: Billy Talbot, Ralph Molina, Frank »Poncho« Sampedro
9 Mit Ehefrau Pegi
10 1989
11 1993
12 Mit Bob Dylan; 30jähriges Jubiläumskonzert für Bob Dylan, New York, 16. Oktober 1992
13 New York, 16. Oktober 1992
14 Mit Eddie Vedder von Pearl Jam; New York, Dezember 1994
15 Köln, Juni 1996
16 1989

Bildnachweis

Aaron Rapoport 1
London Features International (LFI) 2, 4, 5, 6, 7, 9, 11, 12, 13
Barry Wentzell/Star File 3
Mike Hashimoto/Reprise 8
Chuck Pulin/Star File 10
Kevin Mazur/LFI/Photo Selection 14
Christof Graf 15
Ebet Roberts/Redferns 16

Diskographie

Buffalo Springfield (Buffalo Springfield), 1967, Atco
Buffalo Springfield Again (Buffalo Springfield), 1967, Atco
Last Time Around (Buffalo Springfield), 1968, Atco
Neil Young, 1968, Reprise
Retrospective (Buffalo Springfield), 1969, Atco
Everybody Knows This Is Nowhere (mit Crazy Horse), 1969, Reprise
Déjà Vu (Crosby, Stills, Nash & Young), 1970, Atlantic
After The Goldrush (mit Crazy Horse), 1970, Reprise
Expecting To Fly (Buffalo Springfield), 1970, Atlantic
Four Way Street (Crosby, Stills, Nash & Young), 1971, Atlantic
Harvest, 1972, Reprise
Journey Through The Past (Filmmusik), 1972, Reprise
Time Fades Away, 1973, Reprise
Buffalo Springfield (Buffalo Springfield), 1973, Atco
On The Beach, 1974, Reprise
So Far (Crosby, Stills, Nash & Young), 1974, Atlantic
Tonight's The Night (mit Crazy Horse), 1975, Reprise
Zuma (mit Crazy Horse), 1975, Reprise
Long May You Run (Stills-Young-Band), 1976, Reprise

American Stars'n'Bars (mit Crazy Horse), 1977, Reprise
Decade, 1977, Reprise
Comes A Time, 1978, Reprise
Rust Never Sleeps (mit Crazy Horse), 1979, Reprise
Live Rust (mit Crazy Horse), 1979, Reprise
Where The Buffalo Roam (Filmmusik), 1980, Backstreet
Hawks & Doves, 1980, Reprise
Re-Ac-Tor (mit Crazy Horse), 1981, Reprise
Trans, 1983, Geffen
Everybody's Rockin', 1983, Geffen
Greatest Hits, 1985, Reprise
Old Ways, 1985, Geffen
Landing On Water, 1986, Geffen
Life (mit Crazy Horse), 1987, Geffen
This Note's For You (mit den Bluenotes), 1988, Reprise
American Dream (Crosby, Stills, Nash & Young), 1988, Atlantic
Eldorado, 1989, Reprise
Freedom, 1989, Reprise
Ragged Glory (mit Crazy Horse), 1990, Reprise
Weld (mit Crazy Horse), 1991, Reprise
Arc (mit Crazy Horse), 1991, Reprise
Harvest Moon, 1992, Reprise
Lucky Thirteen: Excursions Into Alien Territory, 1993, Geffen
Unplugged, 1993, Reprise
Sleeps With Angels (mit Crazy Horse), 1994, Reprise
Mirrorball, 1995, Reprise
Dead Man (Filmmusik), 1996, Vapor
Broken Arrow (mit Crazy Horse), 1996, Reprise
Year Of The Horse (mit Crazy Horse), 1997, Reprise

Weitere Rockmusik-Bücher im

PALMYRA VERLAG

Miles (Hrsg.)

Frank Zappa

In eigenen Worten

Vorwort von Václav Havel

Aus dem Amerikanischen von Kathrin Razum

144 Seiten · 16 Schwarz-Weiß-Fotos

13,5 x 21 cm · Gebunden

DM 29,80 · ÖS 221,- · SFr 29,- · ISBN 3-930378-08-6

»Das Buch ist eine Offenbarung!«
Norddeutscher Rundfunk

Nick Wise (Hrsg.)

Nirvana · Kurt Cobain · Courtney Love

In eigenen Worten

Aus dem Amerikanischen von Kathrin Razum

140 Seiten · 16 Schwarz-Weiß-Fotos

13,5 x 21 cm · Gebunden

DM 29,80 · ÖS 221,- · SFr 29,- · ISBN 3-930378-12-4

»Wises Buch zerrt die bittere Wahrheit hinter
Nirvanas Erfolgsstory ans Licht.«
Westdeutsche Allgemeine

Paul Williams

Forever Young

Die Musik von Bob Dylan, 1974-1986

Vorwort von Günter Amendt

Aus dem Amerikanischen von Kathrin Razum

520 Seiten · 16 Schwarz-Weiß-Fotos

13,5 x 21 cm · Gebunden

DM 54,- · ÖS 400,- · SFr 51,- · ISBN 3-930378-05-1

»Faszinierend und unverzichtbar.«
Rolling Stone/Deutsche Ausgabe

Georg Stein

Bob Dylan – Temples In Flames

Vorwort von Wolfgang Niedecken

Text von Martin Schäfer

96 Seiten · 70 Farb- und Schwarz-Weiß-Fotos

24 x 22 cm · Gebunden · Kunstdruckpapier

DM 44,- · ÖS 326,- · SFr 42,- · ISBN 3-9802298-0-7

»Stein sind zweifellos Fotos von ganz besonderer Aussagekraft gelungen.«
tip/Berlin

Jethro Tull Songbook

590 Seiten · 17 Schwarz-Weiß-Fotos
17 x 24 cm · Gebunden · 3. Auflage
DM 59,80 · ÖS 443,- · SFr 56,80 · ISBN 3-9802298-5-8

Das Buch enthält die kompletten autorisierten Songtexte (englisch-deutsch), persönliche Kommentare von Ian Anderson und bislang unveröffentlichte Fotos. Das Songbook ist auch in einer rein englischen Ausgabe erhältlich.

»Ein Prachtband.«
Berliner Morgenpost

Christof Graf

So long, Leonard

Leben und Lieder von Leonard Cohen

Vorwort von Herman van Veen

144 Seiten · 38 Schwarz-Weiß-Fotos
17 x 24 cm · Broschur
DM 29,80 · ÖS 221,- · SFr 29,- · ISBN 3-9802298-1-5

Der erste Bild-Text-Band in deutscher Sprache über Leonard Cohen.

»Ein gelungenes Buch.«
ekz-Informationsdienst

Konstantin Wecker

Schon Schweigen ist Betrug

Die kompletten Liedtexte

Vorwort von Dieter Hildebrandt

414 Seiten · 18 Schwarz-Weiß-Fotos

13,5 x 21 cm · Gebunden

DM 49,80 · ÖS 369,- · SFr 47,80 · ISBN 3-930378-00-0

»Dem Verlag sei Dank sind erstmals alle Liedtexte in einem Buch versammelt.«

BuchJournal